R.E.I. Editions

Tutti i nostri ebook possono essere letti sui seguenti dispositivi:
- Computer
- eReader
- iOS
- Android
- Blackberry
- Window
- Tablet
- Cellulare

Mantelli - Brown - Kittel - Graf

Macchi - La Trilogia

M.C. 200 "Saetta"
M.C. 202 "Folgore"
M.C. 205 "Veltro"

ISBN 978-2-37297-4646
Disponibile in formato Ebook - ISBN: 978-2-37297-4639

Pubblicazione: dicembre 2022
Copyright © 2022 R.E.I. Editions
www.rei-editions.com

Mantelli - Brown - Kittel - Graf

Macchi - La Trilogia

M.C. 200 "Saetta"
M.C. 202 "Folgore"
M.C. 205 "Veltro"

R.E.I. Editions

Indice

Macchi M.C. 200

Il Macchi M.C. 200 "Saetta", progettato dal celebre ingegnere Mario Castoldi, ha rappresentato una significativa evoluzione nella produzione degli aerei da caccia italiani. Rispetto ai biplani Fiat CR 32 e Fiat CR 42, che costituivano ancora, all'inizio delle Seconda Guerra Mondiale, l'ossatura dei reparti da caccia Italiani, il Macchi M.C. 200 si caratterizzava, assieme al suo contemporaneo Fiat G50, per una configurazione ad ala bassa e per la struttura interamente in metallo.

Il Macchi M.C. 200 fu disegnato da Mario Castoldi, il progettista degli idrovolanti italiani partecipanti alla prestigiosa Schneider Cup , l'ultimo dei quali, l'MC72 del 1933, ha battuto il record di velocità di categoria con oltre 700 km/h (questo record non sarà battuto che 30 anni dopo da un idrovolante russo). Fece il primo volo il 24 dicembre 1937 ed entrò in linea nel 1939; seppure equipaggiato con un motore poco potente e armato soltanto con una coppia di mitragliatrici Breda-SAFAT calibro 12,7 mm (nelle ultime versioni furono aggiunte due mitragliatrici Breda-SAFAT da 7,7 mm nelle ali), il disegno del Saetta era molto valido.

Il Macchi M.C.200 non aveva particolari difetti ed era dotato di ottime capacità per il combattimento ravvicinato; infatti, la sua maneggevolezza era eccellente e la stabilità nelle picchiate ad alta velocità, eccezionale. Poteva così duellare con i migliori caccia alleati e uscirne imbattuto.

Soltanto il Supermarine Spitfire poteva superarlo in cabrata.

Per contro, alle buone caratteristiche di volo, stavano però la scarsa potenza del motore, una velocità orizzontale appena sufficiente, un armamento inadeguato di sole due mitragliatrici da 12,7 mm in fusoliera, sincronizzate per il tiro attraverso l'elica, l'abitacolo aperto privo di riscaldamento, la mancanza di corazzatura a protezione del pilota, se non in un numero limitato di esemplari; a questo si aggiunge l'impossibilità assoluta di compiere manovre in volo rovescio a causa sia dell'alimentazione a carburatore sia, soprattutto, del disinnesto delle pompe dell'olio e della benzina che una tale manovra avrebbe provocato con conseguente distruzione del motore e, infine, una struttura oltremodo onerosa da costruire: circa 20.000 ore/uomo, quando, ad esempio, per il Bf 109E ne bastavano 4.500.

Dall'entrata in guerra dell'Italia, il 10 giugno 1940, all'armistizio del 1943, il Saetta svolse più missioni operative di qualunque altro aereo italiano.

Con le insegne della Regia Aeronautica, operò su quasi tutti i fronti della seconda guerra mondiale, dal Mar Mediterraneo all'Africa, ai Balcani e sul Fronte orientale.

Un Gruppo Autonomo operò in Russia dove ottenne l'eccellente rapporto abbattimenti/perdite di 88 a 15.

I Macchi M.C. 200 furono costruiti:

- Dalla casa madre Aer.Macchi (395 esemplari)
- Dalla Breda, che ne costruì in effetti il maggior numero (556)
- Dalla SAI Ambrosini (223), in diversi lotti produttivi.

Questo determinò piccole differenze nella verniciatura dei velivoli, sia da ditta a ditta, che da serie differenti di produzione. A un primo, immediato esame, è comunque possibile distinguere la casa produttrice dell'aereo esaminando la croce di Savoia in coda, dal momento che ogni ditta adottava un diverso stile per questa insegna:

- I velivoli Breda erano caratterizzati da una croce a bracci uguali.
- Quelli di produzione Macchi avevano il braccio verticale più lungo di quello orizzontale.
- Gli aerei che uscivano dalle fabbriche della SAI Ambrosini portavano una croce simile a quella Macchi, i cui bracci però si estendevano in alto, in

basso e all'indietro, fino ad arrivare al bordo del timone (nei velivoli Macchi, invece, erano troncati).

Con il Saetta i piloti italiani fecero quel salto di qualità passando dagli obsoleti biplani in tela e legno, ai più moderni monoplani dalle caratteristiche di volo ben diverse.

Storia

Dopo l'esperienza in Spagna con i Fiat C.R.32, durante la guerra civile spagnola, la richiesta dei piloti di mezzi più veloci e moderni viene presto recepita dai vertici della Regia Aeronautica. A questo scopo, il 10 febbraio 1936, venne emessa una specifica per la fornitura di un Caccia Intercettore Terrestre che doveva corrispondere alle seguenti prestazioni ed equipaggiamenti:

- Velocità massima di 500 km/h.
- Salita a 6.000 metri in 5 minuti.
- Autonomia di due ore.
- Armato con una o due mitragliatrici calibro 12,7 mm.
- Configurazione alare monoplana ad ala bassa.
- Adozione di un carrello d'atterraggio retrattile.
- Utilizzo per la propulsione del motore radiale Fiat A.74.

Gli aerei presentati furono tre:

- Macchi M.C. 200.
- Fiat G.50.
- IMAM RO 51.

Il Macchi M.C. 200 stravinse, risultando di gran lunga il migliore e riportando un punteggio complessivo di "30", contro "25" del caccia Fiat e "16" del RO 51. Negli anni successivi, verranno esaminati dalla Regia Aeronautica altri caccia: RE 2000, F5, CR42. Nonostante questa ulteriore concorrenza, il C.200 costituirà, fino all'entrata in servizio del Macchi M.C. 202, nell'autunno 1941, la punta di diamante della specialità, l'unico intercettore in grado di confrontarsi, su Malta e nel teatro nord africano, con gli apparecchi inglesi.

La Macchi affida il progetto all'ingegner Mario Castoldi; il C.200, talvolta nominato "Macchi-Castoldi", da cui la sigla M.C., è un monoplano ad ala bassa, tipo di velivolo del quale l'Ing. Castoldi ha già una decennale esperienza con i suoi notevoli idrocorsa, come il Macchi M.39, vincitore nella prestigiosa Coppa Schneider del 1926 e, nel 1931, con il velocissimo M.C.72, il primo a portare ufficialmente la sigla M.C.

Castoldi avrebbe preferito affidare la propulsione a un motore in linea ma la produzione motoristica nazionale era oramai orientata quasi esclusivamente verso radiali, peraltro prodotti su licenza. In tempi brevi riesce a realizzare il primo prototipo, marche militari MM.336, che verrà portato in volo per la prima volta, dal Campo della Promessa di Lonate Pozzolo, il 24 dicembre del 1937, pilotato dal pilota collaudatore Giuseppe Burei.

Il Macchi M.C.200 con la colorazione utilizzata in Nord Africa. Questo esemplare fu catturato, trasferito negli Stati Uniti e nel 1989 ristrutturato. Attualmente è esposto al National Museum of the United States Air Force.

L'apparecchio è bello, di linee aggraziate, con una capottatura motore estremamente curata sotto il profilo aerodinamico, caratterizzata dalle "bugne", ovvero quelle tipiche ondulazioni, osservabili a prima vista, che racchiudono le teste dei cilindri. La cabina di pilotaggio è chiusa, negli aerei delle prime serie produttive, per mezzo di un pannello scorrevole all'indietro. Successivamente, nella maggior parte degli esemplari prodotti, l'abitacolo sarà del tipo semi aperto, dotato di sfinestrature laterali abbattibili ai lati della fusoliera.

Altro inconveniente era la cattiva visibilità posteriore attraverso il plexiglas della cappottina, dovuto alla qualità del laminato plastico e a particolari fenomeni di polarizzazione della luce sulla sua superficie.

Analogamente a quanto riferito per il G. 50, l'apertura della cappottina, oltre una certa velocità, diveniva impossibile a causa della depressione aerodinamica. Si ripropose, quindi, la soluzione dell'abitacolo aperto; ma questo avviene in data successiva al dicembre 1940, ovvero dopo i primi 240 esemplari.

Le prime impressioni sono giudicate positive ma, per quanto riuscito, l'aereo nasce con un difetto di auto- rotazione.

Già dai test svolti l'11 giugno del 1938 a Guidonia, dal Maggiore Ugo Borgogno, risultava che non si poteva stringere molto la virata a 90° perché l'apparecchio tendeva a rovesciarsi dalla parte opposta, particolarmente a destra. Se si chiudeva troppo la virata, il Macchi entrava in una pericolosa auto rotazione (stallo ad alta velocità, dovuto al distacco della vena fluida dall'ala a profilo costante). Era lo stesso difetto che caratterizzava anche i contemporanei Fiat G.50, IMAM Ro.51, nel 1937, e gli AUSA AUT 18 e Reggiane Re.2000, nel 1939. All'inizio del 1940 due piloti restano uccisi proprio a causa di questo difetto. La causa era il profilo alare ad andamento continuo che sui monoplani favorisce l'entrata in auto-rotazione. Il Reggiane 2000 e il Caproni Vizzola F5 avevano un profilo alare ad andamento variabile e, pertanto, non incorrevano nel fenomeno.

Consegne e voli furono sospesi.

L'aereo viene considerato, dalla media dei piloti, "non pilotabile", proprio mentre va in fumo un ordine di 12 aerei per la Danimarca, a causa dell'invasione tedesca.

L'auto-rotazione di un velivolo consiste nel fenomeno di distacco della vena fluida in prossimità delle estremità delle semiali; questo ingenera una rotazione del velivolo stesso intorno all'asse di rollio, rotazione che, a seconda delle caratteristiche del velivolo coinvolto, può auto estinguersi o essere galvanizzata. Questa seconda evenienza può portare all'ingovernabilità dell'aereo, visto che, ogni tentativo di correggere il moto di auto rotazione tramite gli alettoni sortisce l'effetto contrario di aumentare la velocità di rotazione dell'aeroplano.

Quando l'ala è stallata e l'angolo di attacco è maggiore di quello di stallo, ogni aumento nell'angolo di attacco causa una discesa del coefficiente di salita con conseguente discesa del velivolo.

Come l'ala discende, l'angolo di attacco aumenta, causando la diminuzione del coefficiente di salita e l'angolo di attacco in aumento. Così invertendo i termini; per questa ragione l'angolo di attacco è instabile quando è maggiore dell'angolo di stallo. Qualunque variazione dell'angolo di attacco su un'ala causerà la rotazione dell'intera ala, spontaneamente e continuativamente. Quando l'angolo di attacco di un'ala di un velivolo raggiunge l'angolo di stallo, il velivolo è a rischio auto-rotazione; può degenerare in una rotazione se il pilota non attua manovre correttive.

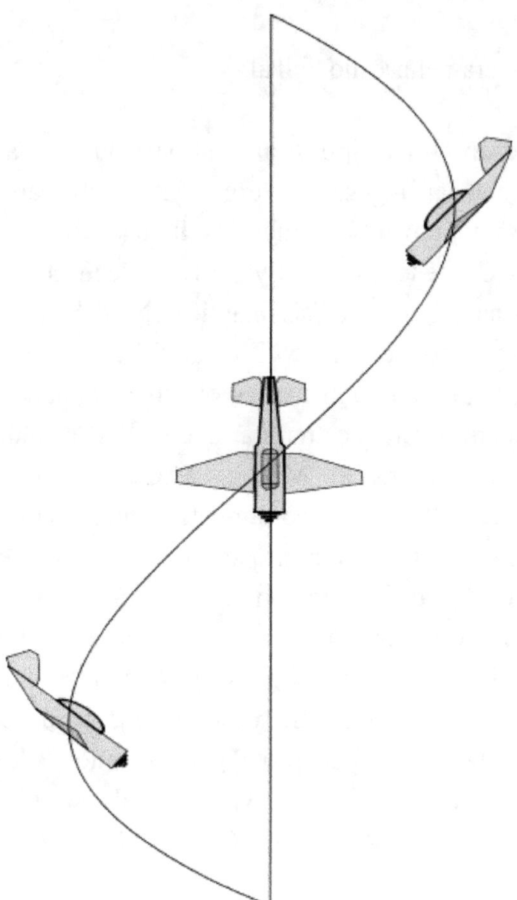

Vite - stallo aggravato e auto-rotazione

La prima serie di 99 velivoli (MM. 4495-4593), ha, infatti, lasciato la Ditta, a cominciare dall'estate 1939; al 10 novembre ne sono già stati consegnati 29; inizialmente essi affluiscono al 10° gruppo del 4° stormo, ma il velivolo, non bene accetto presso i piloti di questo reparto già in fase di passaggio sui CR. 42, viene trasferito al 6° gruppo del 1° stormo caccia.
Nel giugno 1940, i C. 200 sono con il 6° gruppo (Catania), con il 152° (Airasca) e con il 153° gruppo (Vergiate) del 54° stormo: un totale di 144 velivoli. Poco

dopo l'inizio delle ostilità due incidenti mortali avvenuti presso il 1° stormo, portano alla sospensione dei voli con questo apparecchio.

La successiva inchiesta permette di appurare che si è trattato dei soliti, famigerati fenomeni di auto-rotazione e in settembre il velivolo è nuovamente operativo, nel cielo di Malta: scorte ai SM. 79 e missioni di intercettazione.

* La causa dei guai dell'M.C.200 era nel profilo dell'ala.

Castoldi iniziò subito a sperimentare un nuovo tipo di ala, ma la soluzione al problema dell'auto rotazione fu trovata dall'ingegnere Sergio Stefanutti, capo progettista di SAI Ambrosini nel Passignano sul Trasimeno, sulla base di studi condotti dall'ingegnere aeronautico tedesco Willy Messerschmitt e dall'americano Comitato consultivo nazionale per l'aeronautica (NACA), che portò a ridisegnare la sezione alare secondo un profilo variabile (anziché costante), ottenuto coprendo parti delle ali con compensato, ovvero, incollando strati di compensato di balsa al centro e alle estremità delle ali. Castoldi rinuncia così alla nuova ala, che riserverà al Macchi M.C. 202. Ora l'apparecchio ispira fiducia ai piloti, ha un buon comportamento generale nella qualità del volo e in acrobazia, anche se nelle virate molto strette a destra tende ancora a rovesciarsi, ed è praticamente esente da vibrazioni.

Così trasformato il Macchi 200 si rivelò presto il nostro migliore caccia dell'epoca: la sua entrata in linea sul fronte greco-albanese lo confermò con numerosi successi sull'Hurricane, ma, per risparmiare peso, i Macchi della produzione iniziale non avevano corazzatura per proteggere il pilota. Le blindature cominciarono ad arrivare a guerra inoltrata, a volte quando le unità stavano per sostituire le "Saette" con i nuovissimi Macchi M.C.202, e comunque in numero limitato.

Tuttavia, dopo che la corazzatura era stata montata, centrare l'aereo risultava piuttosto laborioso e anche pericoloso; infatti, durante le manovre acrobatiche, l'aereo poteva entrare in una vite piatta da cui l'unico modo di uscire era lanciarsi con il paracadute, come avvenne a Leonardo Ferrulli, il 22 luglio 1941, in Sicilia.

Il C.200, era in sé un ottimo apparecchio, trovandosi tuttavia a scontare un deficit di circa 200 hp di potenza nei confronti dei caccia inglesi del periodo, oltre a essere armato con due sole mitragliatrici da 12,7 mm, mentre i suoi omologhi stranieri erano dotati di 8 mitragliatrici alari o di un armamento misto di mitragliatrici e cannoni da 20 mm.

Nel corso dell'intero arco della produzione verranno costruiti 1.153 esemplari di M.C. 200, compresi i due prototipi MM.336 e MM.337, realizzati in 24 diversi lotti non omogenei dalla:
- Macchi - 395 esemplari più i prototipi.
- Breda - 556 esemplari.
- Società Aeronautica Italiana Ambrosini - 200 esemplari.

I mesi di non-belligeranza italiana videro intensificarsi gli sforzi del Consorzio Italiano per le Esportazioni Aeronautiche per soddisfare le richieste di Paesi che necessitavano di aeroplani, anche non modernissimi, prima della definitiva chiusura delle fonti tradizionali di fornitura o per meglio affrontare emergenze già in atto.
Basti ricordare il caso dei CR 42 in Belgio, dei Re 2000 in Ungheria e degli S. 79 in Jugoslavia; anche il C. 200 fu oggetto di richieste che non fu possibile soddisfare per mancanza dei benestare politici o per le difficoltà di rispettare termini di consegna ristretti.

Il Macchi M.C. 200 fu anche presentato al Salone Aeronautico di Belgrado nel giugno del 1938 (era il secondo prototipo MM 337) e diversi Paesi richiesero offerte formali quali la Svezia, la Finlandia, la Romania e la Spagna. Un solo contratto fu stipulato formalmente con la Reale Marina Danese che ordinò nel marzo 1940 dodici M.C. 200 per sostituire gli anziani Hawker Nimrod.

Gli eventi della primavera 1940, tuttavia, fecero tramontare la fornitura con l'invasione tedesca del Paese; anche la Svizzera chiese un'offerta che il Consorzio presentò nel maggio 1940 al Servizio Tecnico del Dipartimento Militare Federale.

Per dare un'idea delle situazioni in questi mesi incerti e affannosi, possiamo dire che l'offerta della Svizzera era per 36 velivoli completi, senza radio e munizioni, al prezzo unitario di 58.000 dollari, con consegna immediata di 24 unità e i 12 successivi in 3-4 mesi dall'ordine. A differenza di altri velivoli di cui si spingeva l'esportazione, lo Stato Maggiore non fu, comunque, favorevole alla vendita dei C. 200 a causa delle proprie impellenti necessità.

Alla data del 1° settembre 1939, inizio del conflitto in Europa, la Regia aveva in carico 29 M.C. 200 (contro 19 G 50 e 143 CR 42) di cui 25 presso i reparti mentre al 10 giugno 1940, data dell'entrata in guerra dell'Italia, i C. 200 erano saliti a 156 di cui 103 presso i reparti (contro 118 G 50 e 300 CR 42).

Fra i velivoli in carico al Centro Sperimentale c'erano ancora i due prototipi:

- Il primo, MM 336, dopo aver soggiornato a lungo alla Breda come velivolo campione, ritornò alla Macchi il 23 agosto 1940; lungamente inattivo, diede il motore alla MM 8836 e la sua cellula rientrò a Varese nel settembre 1942 ove se ne persero le tracce.

- Il secondo, MM 337, dopo una onorevole carriera sperimentale (servì anche da campione per le prove di mimetizzazione) rientrò in ditta e dopo un'accurata revisione fu trasportato a Rimini nel settembre 1941 dal Maresciallo Spazzoli.

Al di là di poche modifiche secondarie come l'aggiunta della corazzatura al sedile del pilota, filtri antisabbia, radio di nuovo tipo e travetti alari per bombe di piccolo calibro, il C. 200 rimase praticamente immutato durante il suo arco produttivo.

Va menzionato un tentativo fatto dalla Breda all'inizio del 1942, per incrementare le prestazioni in velocità e salita utilizzando il motore Piaggio P. XIX RC 40 da 1.000 Hp nominali.

L'innesto del nuovo propulsore, più ingombrante e massiccio, non fu certo felice dal punto di vista della resistenza aerodinamica, per cui l'incremento di prestazioni determinato in un ciclo di prove nell'aprile-maggio 1942 dal pilota collaudatore Acerbi, fu piuttosto deludente.

Castoldi fu molto seccato dai risultati di una modifica che aveva poco gradito fin dall'inizio, e attribuì l'insuccesso alla potenza reale del motore, inferiore a quella prevista e alla non introduzione di altre modifiche da lui suggerite quali la capottina chiusa, il ruotino di coda retrattile e il raggruppamento dei radiatori olio nella capottatura.

Trasportato a Guidonia, il C. 200 bis MM 8191, scomparve presto e giustamente, nel limbo di tanti prototipi deludenti.

Tecnica

Il Macchi M.C.200 presentava, come il suo omologo Fiat G.50, una svolta nella produzione aeronautica italiana dell'epoca, già intrapresa senza successo dal Breda Ba.27, quella dell'adozione di una configurazione alare monoplana e di una struttura interamente metallica.

La fusoliera era impostata su di una struttura a guscio con quattro longheroni in duralluminio riuniti da ordinate in segmenti di duralluminio stampati; il rivestimento era in 'superavional' stampato, chiodato alla struttura con rivettatura totalmente annegata, così da costituire una superficie con la minore resistenza aerodinamica.

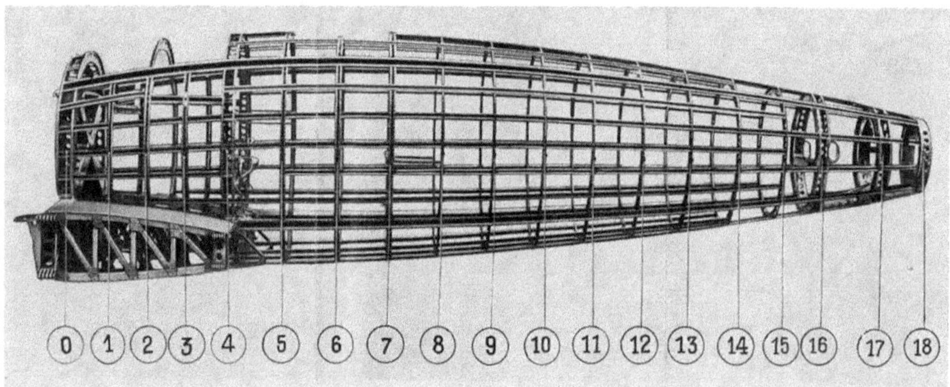

Fusoliera - Vista longitudinale

Fra i due longheroni della parte centrale era sistemato nella zona inferiore il serbatoio principale del carburante (capacità 238 litri), mentre nella parte superiore erano raccolte le armi, le scatole del munizionamento e le scatole raccogli bossoli.

Era questa una caratteristica dei caccia italiani dell'epoca: non si voleva disperdere il prezioso materiale metallico dopo lo sparo delle armi, accettando la penalizzazione dell'inutile peso dopo il combattimento.

Due sportelli apribili nella parte superiore della fusoliera permettevano la manutenzione delle armi. Già nelle prime versioni con abitacolo chiuso da tettuccio scorrevole e nelle successive con abitacolo aperto, un'apposita struttura resistente anticapottata era realizzata nella carenatura posteriore dell'abitacolo.

La parte anteriore e posteriore del parabrezza era fissa, quella centrale, invece, era mobile e permetteva, in caso di bisogno, il lancio con il paracadute.

Le bombole per l'estintore, per l'impianto dell'ossigeno e per la messa in marcia erano sistemate subito dietro la cabina di pilotaggio, mentre un secondo serbatoio di carburante (capacità 75 litri) si trovava sotto il pavimento dell'abitacolo ed era collegato al principale con un tubo flessibile. Sotto la fusoliera erano previsti gli attacchi per un serbatoio supplementare esterno (capacità 150 litri) rapidamente smontabile; la posizione del pilota risultava alquanto sopraelevata, cosa che gli consentiva un'ottima visibilità. Nelle prime serie era stato adottato un tettuccio richiudibile che però si riscontrò presentasse il problema dell'impossibilità di apertura oltre una certa velocità a causa della pressurizzazione; inoltre si verificarono minori problemi per la opacizzazione del materiale trasparente della parte posteriore, per cui nelle successive serie si optò per la versione semiaperta.

Posteriormente terminava in un impennaggio classico mono deriva dotato di piani orizzontali a sbalzo.

Gli impennaggi erano costituiti da un piano fisso orizzontale e da un piano fisso verticale ai quali seguivano rispettivamente i timoni di profondità e di direzione. I longheroni dei piano fisso e della deriva erano di tubo di acciaio ad alta resistenza, le centine e la copertura erano in duralluminio.

Il tubo asse dei timoni di profondità e di direzione era in acciaio, le centine e i contorni erano in duralluminio, la copertura in tela.

Il piano fisso era regolabile in volo, il longherone posteriore era fissato con supporti alla fusoliera e questi supporti permettevano la rotazione di alcuni gradi del piano stesso; il longherone anteriore, invece, era fissato a un supporto mobile che a mezzo di un sistema a vite poteva essere alzato di 1° 45' e abbassato di 5° 30'. Era comandato mediante un dispositivo meccanico che si trovava alla destra del pilota.

Il carrello di atterraggio era retrattile durante il volo; si componeva di due semicarrelli uguali e distinti sistemati nelle ali. Ognuno era formato da una forcella con gambo ammortizzatore oleo-pneumatico, forcella che portava una ruota di tipo FAST munita di freni con pneumatici Pirelli 600x216x200.

Ogni gambo ammortizzatore era collegato con un asse orizzontale che ruotava in apposite bronzine fissate nei longheroni dell'ala; questi semi-carrelli erano azionati ciascuno da un martinetto idraulico che faceva ruotare il gambo verso l'interno del velivolo e lo faceva scomparire nel bordo di entrata delle ali e nella parte centrale della fusoliera in appositi vani, a loro volta chiusi da sportelli in parte fissati al gambo ammortizzatore e in parte alla fusoliera. La ruota di coda era pure occultabile durante il volo ed era composta di un gambo ammortizzatore oleo-pneumatico con ruota munita di pneumatico tipo SPIGA 260 x80.

Il carrello era munito di doppio freno tipo FAST ad aria compressa applicato ai tamburi delle ruote.

Quest'aria era contenuta in una bombola munita di valvola di caricamento ed era la stessa bombola che serviva per l'avviamento del motore. Dalla bombola, una conduttura andava a una valvola di riduzione; prima della valvola, una presa era prevista per il manometro indicante la pressione di aria nella bombola stessa.

L'ala era monoplana con profilo spesso e biconvesso, di spessore e profondità decrescente verso il margine estremo.

Essa era divisa in tre parti, una centrale e due laterali facilmente smontabili. La costruzione era interamente in metallo. Due longheroni con solette in superavional e fiancate chiodate in lastra di superavional, opportunamente forata, e irrigidita con telaini interni in corrispondenza alle centine e in diagonale. Gli attacchi di collegamento fissati alle estremità dei longheroni erano a cerniera in acciaio di alta resistenza e con spinotti aventi una conicità del 2,255 sul diametro.

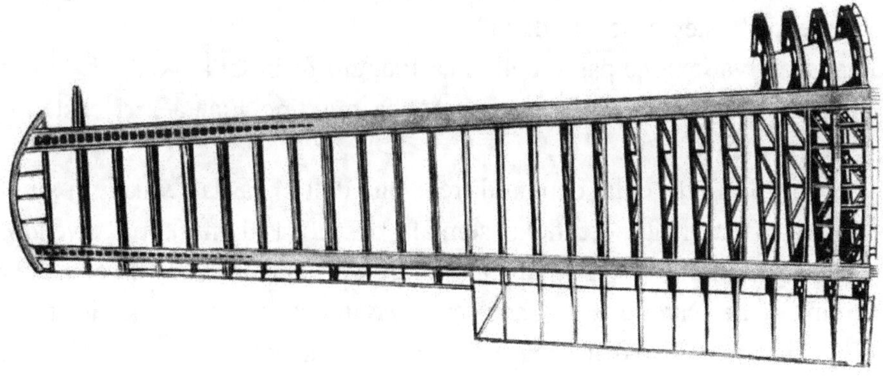

Le centine, nella parte centrale fra i due longheroni, erano costruite con profilati di duralluminio collegate fra di loro con piastrine rivettate: le due prime centine erano speciali essendo più larghe e più robuste delle altre.

Il bordo di attacco dell'ala era smontabile a partire dal carrello fino all'estremità; era fissato al longherone anteriore con viti.

La sua costruzione era analoga al resto, cioè centine in duralluminio con copertura in superavional; sui due longheroni trovasi l'asse di rotazione del carrello.

Tale asse era, quindi, montato sull'ala mentre il martinetto di sollevamento faceva parte del piano centrale della fusoliera.

Il bordo di attacco dalla testata delle ali all'asse di rotazione del carrello portava i vani per l'occultamento di questo.

Le ali erano munite di ipersostentatori che dalla fusoliera andavano fino a metà ala circa e da questa fino all'estremità delle ali vi erano gli alettoni.

La costruzione degli alettoni era completamente in metallo, con centine in profilato di duralluminio collegate tra di loro, come nelle centine delle ali, da piastrine rivettate.

Il longherone era in tubo diviso in tre parti collegate con snodi di acciaio, e le cerniere erano di acciaio con cuscinetti a sfere.

La copertura era in tela. Gli ipersostentatori erano costruiti pure in metallo, centine e contorni in duralluminio, longheroni in tubo d'acciaio. La copertura, invece, era di superavìonal.

I comandi degli alettoni e degli impennaggi erano tutti a mezzo di tubi, eliminando cavi e relative necessità di regolazione.

Il comando degli ipersostentatori era indipendente da quello degli alettoni ed era collegato al circuito oleo-dinamico del carrello. L'abbassamento massimo delle alette ipersostentatrici era di 45°.

Il comando di variazione passo dell'elica Piaggio fu installato dal 25° velivolo in poi, dato che fino al 24° velivolo l'etica era tipo Fiat a giri costanti. Il comando era elettrico.

Per attenuare l'effetto della coppia di reazione dell'elica, la semiala di sinistra aveva un'apertura maggiore della semiala destra (170 mm); pur avendo la medesima superficie, le semiali avevano ovviamente una diversa corda all'estremità. La caratteristica non era certamente il massimo in termini aerodinamici, ma Castoldi le conservò anche nei successivi M.C. 202 e M.C. 205. L'accesso all'abitacolo era agevole, senza problemi dei gas di scarico, il sedile era comodo e regolabile, ma solo dal personale specialista di terra, i comandi comodi e razionalmente disposti, incluso quello della potenza extra (+100 giri/minuto); gli ipersostentatori necessitavano di 46 pompate a mano, piuttosto scomodo (sarebbe stato preferibile un comando come nel G.50), bene anche i freni, il carrello era piuttosto lento e azionabile con comandi meno razionali che con il mediocre Ro.51.

L'aereo era capace di decollare senza imbardata, migliorando il distacco con i flaps a 15 gradi.

La propulsione era affidata a un motore Fiat A.74 RC.38, un radiale 14 cilindri a doppia stella raffreddato ad aria, capace di erogare una potenza di 870 hp (618 kW), abbinato a un'elica tripala di costruzione metallica a passo variabile in volo. Benzina 87 ottani.

A differenza del G.50, che adottava la stessa motorizzazione, fu utilizzata una capottatura bugnata in corrispondenza dei bilancieri posti all'apice delle singole teste, riducendo così sensibilmente l'ingombro frontale a vantaggio anche della visibilità. Il serbatoio dell'olio era situato nel castello porta motore e aveva una capacità di 42 litri; il radiatore dell'olio si trovava sulla superficie esterna anteriore della capote del motore.

L'armamento era affidato a due mitragliatrici Breda- SAFAT calibro 12,7 mm, una con alimentazione destra e una con alimentazione sinistra, complete di cilindri per il riarmo pneumatico. Esse erano disposte anteriormente fisse e parallele alla mezzaria del velivolo e fissate su supporti longitudinali regolabili in altezza e lateralmente, che erano attaccati all'ordinata n. 0 e posteriormente alla fusoliera.

Ognuno di detti supporti portava un ammortizzatore a molla regolabile a doppio effetto per assorbire l'urto dello sparo.

Il loro tiro diretto passava attraverso l'elica appena sopra la capottatura del motore. Al centro, fra le due armi, sono sistemate le due cassette porta nastri della capacita massima di 370 colpi ciascuna, a partire dal 13° velivolo; per i primi 12 velivoli la capacita massima era di 310 colpi ciascuna.

Nella versione cacciabombardiere, l'M.C. 200 CB, erano presenti sotto le ali gli agganci ausiliari per due bombe fino a 160 kg o per due serbatoi ausiliari da 150 litri ognuno. Alla data dell'armistizio erano in servizio 52 esemplari, 33 dei quali ancora efficienti.

Il Macchi C 200 era dotato già di tutte le strumentazioni necessarie: nel cockpit erano presenti il variometro, l'altimetro, l'anemometro, il giro-direzionale e la bussola magnetica. Sempre nella cabina di pilotaggio era presente il sistema di centraggio che era posto al centro della strumentazione.

Macchi M.C. 200 Saetta conservato al National Museum of the United States Air Force

I puristi dell'aerodinamica obiettarono l'apparente "gobba" di fusoliera che era, invece, una soluzione attentamente studiata per dare al pilota la massima visibilità, superando le richieste della specifica del concorso, senza penalizzare la resistenza aerodinamica, e che fosse frutto di una accurata progettazione lo dimostrò qualche anno dopo il prototipo del C 201 che raggiunse, con lo stesso motore A.74, senza la "gobba" e cellula equivalente al C 200, le stesse prestazioni. Accanto al prototipo, cui fu assegnata la matricola militare MM 336, veniva intanto costruita una cellula non volante destinata alle prove statiche e un secondo esemplare designato MM 337 che avrebbe volato pochi mesi dopo, nel maggio 1938.

I velivoli di serie non differivano molto dai due prototipi.

Oltre a modifiche di piccola entità, le modifiche maggiori che furono concordate con gli organi tecnici del Ministero e che furono introdotte, ove possibile, già sui velivoli delle prime serie furono lo sganciamento del sistema di comando degli alettoni rendendoli indipendenti dai flaps (il progetto di Castoldi prevedeva l'abbassamento parziale degli alettoni con l'abbassamento dei flaps), l'eliminazione del sistema di retrazione della carrello di coda che fu reso fisso, l'introduzione della compensazione statica e dinamica sul timone, l'introduzione della cabina aperta e la modifica del bordo d'attacco dell'ala (smontabile) che era originariamente fissato al longherone anteriore mediante viti mordenti e che molto saggiamente furono rimpiazzate da viti speciali con olivette. Il complesso del bordo d'attacco era reso, infatti, solidale con il longherone utilizzando un totale di 604 viti di tre tipi diversi.

Infine, l'originale elica Fiat-Hamilton fu sostituita da un'elica Piaggio, pure a passo variabile e giri costanti, le cui pale erano state tracciate direttamente dallo stesso Castoldi.

Caratteristiche tecniche

Dimensioni e pesi

- Lunghezza: 8,19 metri
- Apertura alare: 10,58 metri
- Altezza: 3,51 metri
- Superficie alare: 16,81 m2
- Carico alare: 142,2 km/m2
- Peso a vuoto: 1.960 kg
- Peso carico: 2.390 kg
- Esemplari: 1.153

Propulsione

- Motore: un radiale Fiat A.74 RC.38
- Potenza: 870 hp (618 kW)

Prestazioni

- Velocità massima: 503 km/h a 4.500 metri
- Velocità di stallo: 128 km/h
- Velocità di salita:
    - ✓ a 1.000 metri in 1' e 3"
    - ✓ a 2.000 metri in 2' e 10"
    - ✓ a 3.000 metri in 3' e 24 "
    - ✓ a 4.000 metri in 4' e 35"
    - ✓ a 5.000 metri in 5' e 52"
    - ✓ a 6.000 metri in 7' e 33"
- Corsa di decollo: 260 metri
- Corsa di atterraggio: 300 metri
- Autonomia: 570 km o 870 km con due serbatoi ausiliari
- Tangenza: 8.900 metri.

Armamento

- Mitragliatrici: 2 Breda/SAFAT da 12,7 mm in fusoliera sincronizzate e sparanti attraverso il disco dell'elica con 370 colpi per arma.

Mitragliatrici Breda-SAFAT

Le mitragliatrici Breda-SAFAT da 7,7 mm e 12,7 mm furono le armi maggiormente utilizzate dalla Regia Aeronautica durante la seconda guerra mondiale; nacquero dalla collaborazione della Società Italiana Ernesto Breda per Costruzioni Meccaniche e della Società Anonima Fabbrica Armi Torino (SAFAT).

La nascita di queste armi è dovuta al desiderio della Regia Aeronautica di avere migliori mitragliatrici per affrontare le nuove generazioni di aerei nemici, caratterizzati da prestazioni superiori e un migliore armamento. La Breda basò il suo progetto sui disegni della mitragliatrice Browning M2, adattandolo alle esigenze italiane, in particolare nel cambio della cartuccia dai calibri alleati 7,62 × 63 mm e 12,7 × 99 mm a quelli d'ordinanza italiana 7,7 × 56 mm R e 12,7 mm × 81 mm SR.

Quest'ultimo, in particolare, però, indebolì l'arma e l'obiettivo di una mitragliatrice più leggera con alto rateo di fuoco non fu raggiunto.

In ogni caso, l'arma Breda/Browning partecipò alla competizione contro progetti analoghi realizzati dal ben più potente gruppo industriale Fiat, che proponeva nuove armi progettate dalla controllata SAFAT (Società Anonima Fabbricazione Armi Torino). Ma la Breda/Browning, nelle due versioni, si dimostrò superiore, soprattutto per il peso, inferiore di 5 Kg rispetto al progetto Fiat-SAFAT. Nonostante le pressioni da parte della Fiat, la Regia Aeronautica assegnò il contratto di fornitura alla Breda.

Bocciato il suo ricorso in tribunale e condannata a pagare le spese processuali, la Fiat uscì momentaneamente dal settore delle armi leggere, vendendo addirittura la SAFAT alla stessa Società Italiana Ernesto Breda per Costruzioni Meccaniche, che divenne leader incontrastata del settore in Italia.

Le Breda-SAFAT armarono quasi tutti i caccia e i bombardieri italiani di quel periodo. I caccia Fiat C.R.42, Fiat G.50, Macchi M.C. 200, Macchi M.C. 202 e Reggiane Re.2000 erano armati con due mitragliatrici Breda 12,7 mm e, negli esemplari successivi, due Breda 7,7 mm alari.

Questo armamento si dimostrò inadeguato nei primi anni di guerra e si ricorse, quindi, all'adozione del cannone tedesco Mauser MG 151/20 da 20 mm, installato sino a ben 3 pezzi sui nuovi caccia Macchi M.C.205, Fiat G.55 e Reggiane Re.2005, oltre alle due solite 12,7 mm sparanti attraverso il disco dell'elica.

Nel dopoguerra, le Breda-SAFAT da 7,7 mm, in versione campale, rimasero in dotazione alla VAM dell'Aeronautica Militare fino agli anni ottanta.

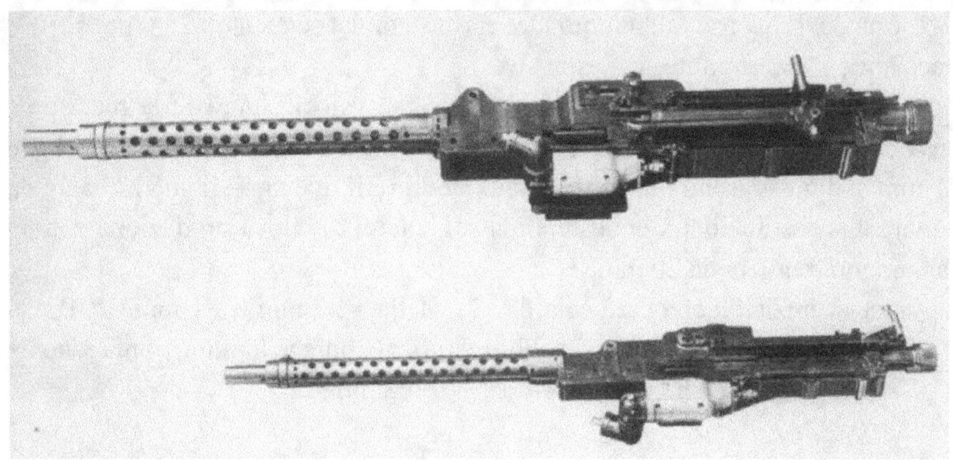

Le mitragliatrici Breda-SAFAT da 7,7 mm e 12,7 mm

Il funzionamento è a rinculo, con corto rinculo di canna, e sblocco dell'otturatore tramite il meccanismo a leva di Mascarucci. Il ciclo di sparo è a otturatore chiuso.

Il raffreddamento è ad aria, attraverso il copricanna forato. L'alimentazione, a nastro negli impianti aeronautici o con caricatori a cassetta da 150 colpi nella versione campale, era reversibile, da destra o da sinistra.

Sui caccia la mitragliatrice veniva spesso utilizzata in installazione binata, fissa "in caccia" sulla capottatura motore, facente fuoco attraverso il disco dell'elica. In tale installazione la cadenza di tiro scendeva a 575 colpi/minuto.

Sui bombardieri e sugli aerei da trasporto le Breda-SAFAT costituivano l'armamento difensivo standard, installate su torretta singola girevole di Tipo A2 come sul CANT Z.501, su torretta binata Tipo D manuale, le Tipo E e Tipo Z binate comandate a distanza, la Tipo G9 ventrale retraibile e su molte altre. Per l'impiego campale, per entrambe le versioni esistevano sia affusti a candeliere per il tiro contraereo, sia treppiedi per l'uso come arma d'appoggio per la fanteria.

Fu installata come arma contraerea anche su alcuni MAS.

Caratteristica della versione da 7,7 mm è la possibilità di impiegare anche la similare munizione .303 British di produzione britannica.

Invece, i colpi esplosivi/incendiari/traccianti (HEIT) erano di produzione nazionale, caricati con 0,8 grammi di Pentrite ed erano considerati molto efficienti.

La normale sequenza all'interno dei nastri era la seguente: 2 × palla, 1 × tracciante, 1 × perforante, 1 × esplosiva.

Comunque, la bassa cadenza di tiro e la scarsa velocità iniziale la rendevano inefficace alle lunghe distanze, mentre i limiti intrinseci del calibro 12,7 mm × 81 mm si dimostrarono pienamente durante i primi due anni di guerra, tanto da portare alla sostituzione di questa arma sugli aerei di nuova produzione con un cannone-mitragliera da 20 mm.

La velocità iniziale della cartuccia da 12,7 della 12,7 mm × 81 mm SR Breda risulta inferiore rispetto alla pari calibro .50 BMG poiché le munizioni erano da 12,7 × 81 mm invece che 12,7 × 99 o 12,7 × 108 mm.

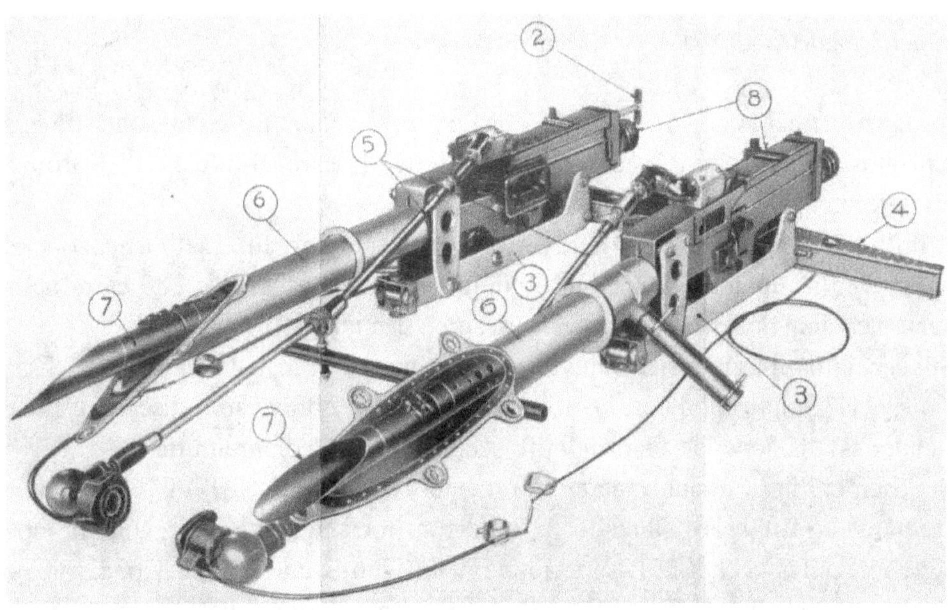

L'energia allo sparo della Breda, infatti, è di soli 10.000 joule rispetto ai 16,000-17,000 joule di altre cartucce; quindi, pur essendo le Breda-SAFAT armi affidabili, avevano il peggior rapporto peso-potenza di tutte le mitragliatrici coeve montate sui velivoli della seconda guerra mondiale. In confronto, la giapponese Ho-103 usava la stessa munizione 12,7 × 81 mm prodotta su licenza, ma era 6–7 kg più leggera e aveva un rateo di fuoco di 800-900 colpi al minuto, almeno del 20% superiore. Neanche Alfredo Scotti della Isotta Fraschini, che cercò di alleggerire e migliorare le prestazioni della Breda con il suo modello Scotti/Isotta Fraschini, riuscì a eguagliare la cadenza di tiro del fuoco o l'affidabilità.

Caratteristiche tecniche

	7,7 mm	12,7 mm
Peso	12 kg	29 kg
Lunghezza	1.085 mm	1385 mm
Lunghezza canna	660 mm	800 mm
Rigatura	6 righe destrorse	6 righe destrorse
Munizioni	7,7 x 56 mm R	12,7 x 81 mm SR
	Palla	Palla
	Tracciante	Tracciante
Tipo munizioni	Perforante	Perforante
		Esplosiva
		Incendiaria
		Tracciante
Peso proiettile	10,1 gr.	34 gr.
Numero canne	1	1
Azionamento	A rinculo	A rinculo
Cadenza di tiro	800-900 colpi/min.	700 colpi/min.
Velocità alla volata	720 m/s	765 m/s
Alimentazione	Nastro da 500 colpi	Nastro da 400 colpi
Raffreddamento	Ad aria	Ad aria

Nonostante i proiettili da 12,7 mm avessero bassa capacità distruttiva con soli 0,8 grammi di esplosivo e nonostante la disponibilità di munizioni di più grosso calibro ad alto esplosivo, i piloti italiani apprezzavano le capacità di questa cartuccia nella versione perforante incendiaria.

Quasi tutti i paesi avevano adottato la cartuccia esplosiva in calibro 12,7-13,2 mm, ma erano giunti alla conclusione che questa munizione era troppo debole e inefficace contro le blindature per giustificare il suo costo, cosicché si orientarono verso le armi in un calibro di 20 mm o più grandi.

La 12,7 mm × 81 mm SR era una cartuccia italiana per mitragliatrice usata dalla Guerra d'Etiopia nel 1935 a tutta la seconda guerra mondiale. Questa munizione deriva da quella inglese .50 Vickers da 0,5 pollici, 12,7 × 81 mm secondo il sistema metrico, prodotta proprio dalla Vickers fin dal 1921. Questa cartuccia non incontrò particolare interesse da parte delle forze armate inglesi, destando, invece, l'interesse di Italia e Giappone. La munizione prodotta dalla Società Italiana Ernesto Breda per Costruzioni Meccaniche deriva in particolare dalla versione da esportazione prodotta nel 1923 dalla Vickers chiamata .5 V/565, ottenuta per modifica del fondello da rimless a Semi-Rimmed e chiamata perciò 12,7 mm × 81 mm SR.

Fu adottata dall'Italia nel 1935 con le mitragliatrici Breda-SAFAT e Scotti/Isotta Fraschini, che armarono la maggior parte degli aerei della Regia Aeronautica dalla Guerra d'Etiopia alla seconda guerra mondiale. Rimase in produzione fino agli anni ottanta, quando le ultime Breda-SAFAT in versione campale dell'Aeronautica Militare furono radiate.

Poiché le SAFAT armavano gli aerei del Corpo Truppe Volontarie e i caccia Fiat C.R.32 forniti ai nazionalisti durante la Guerra civile spagnola, la cartuccia fu prodotta in Spagna dalla "Pirotécnica " di Siviglia.

L'Ungheria produceva su licenza il Reggiane Re.2000, in due modelli Heja (falco in lingua ungherese) I e II e questo caccia fu armato con la mitragliatrice Gebauer GKM Machine Gun 1940.M, che utilizzava il 12,7 Breda.

Nel 1941 fu adottata dall'Esercito imperiale giapponese per le mitragliatrici Ho-103 Type 1.

Veniva prodotta con vari tipi di proiettile:
- Pallottola incamiciata: anima in piombo incamiciata in alluminio. Pesava 34,5 grammi circa.
- Perforante: il proiettile è costituito da una camiciatura in rame che copre un nucleo a elevata durezza e densità.
- Perforante-incendiaria: la camiciatura, nella parte dell'ogiva, presenta quattro forellini che comunicano con una cavità presente tra la punta e il proiettile perforante, caricata con fosforo bianco. Riconoscibile dalla punta verniciata di blu.
- Tracciante: nella parte posteriore dell'ogiva è presente una cavità contenente una piccola carica pirotecnica che, bruciando durante il volo, lascia una scia di diversi colori, permettendo l'aggiustamento del tiro. Sono riconoscibili per la punta verniciata di rosso.

- Perforante-incendiaria-tracciante: riunisce le varie caratteristiche nello stesso proiettile.

- Incendiario-tracciante: riunisce le due caratteristiche.

- Alto esplosivo: l'ogiva conteneva un percussore che attivava una carica di 0,8 grammi di pentrite ed esplodeva a contatto con il bersaglio. Era riconoscibile per la base dell'ogiva verniciata di giallo.

Anche altri paesi avevano sviluppato proiettili esplosivi, ma gli italiani furono i primi a produrre questa tecnologia su munizioni di così piccolo calibro, o meglio, le altre nazioni rinunciarono a costruire delle munizioni esplosive di così piccolo calibro, ritenendo che avrebbero avuto un potere decisamente inferiore al calibro 20 mm (preferito da Francia e Germania, e marina giapponese, adottato poi anche dal Regno Unito e quindi reso quasi universale) o al 23 mm (tipicamente sovietico). Quindi, decisero di non intraprendere una ricerca che consideravano un'inutile spesa; persino gli USA, che utilizzavano massicciamente armi in calibro 12,7, anche se con proiettili ben più pesanti, ritennero inutile armarle con proiettili esplosivi.

Cannoni Mauser MG 151/20

Il Mauser MG 151/20 fu un cannoncino aeronautico automatico, da 15 e poi 20 mm, sviluppato e prodotto dall'azienda tedesca Mauser dal 1940. Fu, dapprima, introdotto nel calibro di 15 mm nel Messerschmitt Bf 109F-2 agli inizi del 1941. Per la classificazione tedesca dell'epoca era considerato come mitragliatrice, anche se dotato di proiettili esplosivi, in quanto i cannoni automatici erano considerati tali a partire dai 30 mm.

Progettato per sostituire il cannoncino MG FF ampiamente in uso nelle sue varianti come armamento dei velivoli tedeschi, rispetto a questo presentava maggiori cadenza di tiro e precisione. Restò in uso in molti Paesi anche dopo la 2ª Guerra Mondiale.

Negli anni '30 la Germania aveva intrapreso un vasto programma di ricostruzione di una potente forza aerea militare, e gli apparecchi da caccia erano tra i progetti più attentamente seguiti.

La neonata Luftwaffe scelse la concezione di un armamento per gli apparecchi da caccia costituito da una potente mitragliera di grosso calibro (15 o 20mm) montata direttamente nella V dei motori in linea allora molto promettenti, affiancati da altre 2 mitragliatrici di calibro standard nella cappottatura del motore. Ciò garantiva una potenza di fuoco notevole anche contro aerei pesanti (bombardieri o da trasporto).

Questo schema venne scelto per il nuovo caccia Messerschmitt Me109, su cui la Luftwaffe contava molto e che per l'epoca della sua progettazione (1935-36) era all'avanguardia. La mitragliera di grosso calibro da montare nella V del motore DB601 e che avrebbe costituito il grosso della potenza d'urto dell'apparecchio era la MGFF da 20 mm, l'unica disponibile in Germania, sviluppata dalla ditta Mauser AG e derivata dalla svizzera Oerlikon FF, all'epoca l'arma della sua categoria certamente più riuscita, rispetto alla quale però aveva una differente munizione: 20 x 80mm, meno potente della munizione originale svizzera 20 x 110mm, ma non era possibile altra scelta poiché l'arma svizzera originale era troppo grande e pesante per essere montata nei motori. La MG FF non diede mai grande prova di sé: bassa cadenza di tiro, scarsa precisione e impatto ne fecero un'arma indifferente e anche se venne prodotta in serie e montata su tutti gli aerei tedeschi, specie Me109 versione D ed E nonché i Focke-Wulf 190, non appena fu disponibile un progetto migliore venne sostituita.

Nel 1940, infatti, la Mauser Werke di Oberndorf am Neckar aveva pronta una nuova munizione, la 15 x 96mm e la nuova arma con cui impiegarla: la MG 151. Rispetto alla MG FF offriva tutti i vantaggi:

- Maggior capienza di munizioni, essendo alimentata a nastro e non a tamburo come la MG FF.
- Maggiore cadenza di tiro.
- Un'eccezionale affidabilità dovuta a un'organizzazione meccanica a corto rinculo di canna e a comandi elettrici migliorati.

La velocità di bocca del proiettile da 15 mm, più leggero, balzava da 580 a 850 m/s a tutto vantaggio di gittata e precisione, e, sebbene l'arma fosse più lunga (quasi 2 metri) e pesante, poteva essere montata in tutti gli aerei tedeschi in servizio.

A partire dal 194, la MG 151 sostituì la più vecchia e carente MG FF su tutti i caccia della Luftwaffe, specie i Me109 a partire dalla serie F, ma non bastava a conferire la necessaria potenza di fuoco agli apparecchi.

I piloti tedeschi, infatti, si accorsero subito che l'impatto dei proiettili esplosivi da 15 mm non era sufficiente e chiesero armi di calibro maggiore; la Mauser rispose allargando a 20 mm il collo dei bossoli da 15 x 96mm e accorciandoli, aumentando però la lunghezza del proiettile in modo da avere maggior carica esplosiva e maggior potere distruttivo; nacque così la munizione 20 x 82mm RB e l'arma destinata a impiegarla: la MG 151/20 che era, infatti, una MG 151 con una canna di maggior calibro e altre lievi modifiche, cosa possibile grazie alle dimensioni della cartuccia 20 x 82 RB molto simili con quella da 15 mm.

Anche peso e dimensioni erano molto simili alla MG 151 e i due modelli di armi furono impiegati insieme per tutto il conflitto.

Rispetto alla munizione da 15 x 96mm, la nuova 20 x 82 RB offriva maggior impatto e capacità distruttiva, e fu subito apprezzata dai piloti tedeschi; per contro, aveva minore velocità iniziale ma non al punto di scadere balisticamente e nel complesso entrambe le armi si rivelarono moderne ed efficienti, di elevata qualità costruttiva e affidabilità. La vecchia MG FF restò, tuttavia, in servizio, poiché la sua compattezza e leggerezza furono preziose per la realizzazione delle celebri installazioni Schräge Musik ampiamente usate sui caccia notturni tedeschi e per le quali la bassa velocità e cadenza di fuoco non rappresentavano un handicap.

Sebbene adeguati contro i caccia avversari e i bersagli a terra, gli MG 151 e 151/20 si dimostrarono inadatti ad abbattere i pesanti bombardieri alleati che imperversavano nei cieli della Germania: la Luftwaffe constatò che occorrevano in media 25-30 colpi per danneggiare seriamente un bombardiere quadrimotore, mentre con i nuovi cannoncini Rheinmetall MK 103 e MK 108 da 30mm, notevolmente più distruttivi, erano sufficienti soltanto 4-5 colpi; dal 1943, pertanto, i caccia tedeschi ricevettero il nuovo modello da 30 x 90 mm, mentre il MG 151 - 151/20 restò dotazione standard di cacciabombardieri e velivoli da attacco al suolo, nonché dei caccia notturni.

Gli MG 151/20 furono, inoltre, forniti alla Regia Aeronautica; furono, infatti, installati sui caccia Fiat G 55 "Centauro", Macchi MC.202 e Reggiane Re.2005, alla ANR, alle forze aeree di Romania, Finlandia, Croazia e Giappone. Questi ultimi, destinati ad armare i caccia Kawasaki Ki-61, furono trasportati a bordo del sommergibile italiano Luigi Torelli nell'agosto 1943, in una rocambolesca missione che vide il battello italiano giungere in Giappone dopo la firma dell'armistizio di Cassibile del quale marinai e comandante italiani non sapevano nulla; appena sbarcato, l'intero equipaggio fu arrestato e imprigionato.

Motore Fiat A.74 RC.38

Il Fiat A.74 RC.38 Ciclone era un motore aeronautico radiale 14 cilindri a doppia stella raffreddato ad aria, prodotto dall'azienda italiana Fiat Aviazione negli anni trenta e montato su numerosi aerei della Regia Aeronautica durante la seconda guerra mondiale, tra cui i monoplani da caccia Macchi M.C. 200 "Saetta", Fiat G.50 e il biplano Fiat C.R.42.

Il motore A.74 Ciclone era un motore aeronautico a doppia stella con quattordici cilindri, che è stato progettato dalla FIAT nella metà degli anni '30, sulla base dell'analogo motore statunitense Pratt & Whitney R1535 e secondo le direttive dello Stato Maggiore della Regia Aeronautica volte a privilegiare la realizzazione di motori raffreddati ad aria. Rispetto al Pratt & Whitney R1535 la FIAT introdusse varie modifiche distintive e produsse l'A.74 fino ai primi anni '40, con un totale di circa 5.500 esemplari, inclusi quelli realizzati su licenza dalle Officine Meccaniche Reggiane.

Al fine di semplificare la produzione e la gestione logistica degli approvvigionamenti e della manutenzione, per l'A.74 venne adottato lo stesso alesaggio del più grande e coevo motore A 80, così da poter impiegare vari componenti uguali e intercambiabili, tra cui cilindri, stantuffi e valvole. L'A.74, come anche l'A.80, presenta le seguenti caratteristiche costruttive:

- Sovralimentazione mediante compressore centrifugo azionato meccanicamente dal motore, ottimizzato per i 3.800 metri di quota.
- Riduttore di velocità epicicloidale a ingranaggi conici (di tipo Farman) per la trasmissione del moto all'elica.
- Valvole di scarico refrigerate internamente con sali di sodio.
- Alettatura di raffreddamento dei cilindri, brevettata dalla FIAT.
- Basamento in lega leggera in tre parti.

Inoltre, l'albero motore è costituito da due pezzi e ha tre supporti di banco: quello centrale è formato da un elemento discoidale di grande diametro, sul quale sono imbullonati due dischi solidali con i perni dell'imbiellaggio delle due stelle e che costituisce l'anello interno di un cuscinetto a rulli cilindrici.

Il FIAT A.74 rappresenta un punto di svolta nella produzione di motori aeronautici dell'azienda italiana, fino ad allora impostata su motori 12 cilindri a V raffreddati a liquido, diventando capostipite di una serie di sviluppi atti a produrre motori di cilindrata e potenza sempre maggiori, seppure meno fortunati, quali gli A.76, A.80 e A.82.

Il FIAT A.74 è stato costruito in varie versioni, con differenti regolazioni e caratteristiche di funzionamento, ed è stato impiegato prevalentemente su velivoli da caccia e su cacciabombardieri nel corso del secondo conflitto mondiale. Nonostante sia rimasto in uso anche quando le sue prestazioni erano già superate, specie sui caccia di prima linea, dimostrò una eccellente affidabilità e facilità di manutenzione, anche in contesti operativi critici che imposero l'impiego di combustibili di scarsa qualità e in climi estremi, come nel deserto libico o nell'inverno russo.

Nonostante la produzione in serie e l'esportazione di vari esemplari all'estero, l'A.74 è un motore piuttosto raro a causa delle varie perdite e della progressiva dismissione nel corso della seconda parte della guerra.

L'esemplare del Museo è stato sezionato per scopo didattico e consente di illustrare in dettaglio tutte le sue principali caratteristiche costruttive.

Oltre alla versione RC.38, venne prodotta, in un minore numero di esemplari, la versione RC.42, con quota di ristabilimento della potenza (770 CV) a 4.200 metri, utilizzata principalmente sui trasporti Fiat G.12 e sugli esemplari destinati all'addestramento del caccia Macchi M.C. 200.

Caratteristiche tecniche

- Costruttore: FIAT Aviazione, Torino, dal 1935 fino ai primi anni '40.
- Progettista: Tranquillo Zerbi e Antonio Fessia
- Descrizione: Motore aeronautico con 14 cilindri a doppia stella, basamento in alluminio con tre supporti di banco, cilindri in acciaio con teste in lega leggera avvitate a caldo, camere di combustione emisferiche, stantuffi in lega leggera, biella principale e biellette ad H, albero motore in due parti collegate da bulloni.
- Alesaggio: 140 mm
- Corsa: 145 mm
- Cilindrata: 31250 cm³
- Rapporto di compressione: 6,70:1
- Lunghezza: 1.045 mm
- Diametro: 1.200 mm
- Potenza:
  - ✓ 870 hp (648 kW), a 2.500 giri/min al decollo
  - ✓ 740 hp (544 kW), potenza normale al suolo
  - ✓ 840 hp (618 kW), potenza di omologazione a 2.400 giri/min a 3.800 metri e 1,00 Bar di pressione fornita dal compressore
  - ✓ 960 CV (715 kW), a 3.000 metri al massimo.
- Consumo specifico: 270 g/hp/h
- Potenza specifica: 26,9 hp/l
- Distribuzione: 2 valvole in testa per cilindro comandate da aste e bilancieri, valvole di scarico raffreddate internamente con sali di sodio.
- Sistema di alimentazione: a benzina, con un carburatore Zenith-Stromberg a corpo singolo, posto a monte del compressore e dotato di limitatore di pressione e preriscaldamento della miscela combustibile.
- Sistema di sovralimentazione: compressore centrifugo a comando meccanico con ingranaggi a denti dritti, giunto elastico e rapporto di moltiplicazione 8,78:1, quota di adattamento 3.800 metri.
- Sistema di accensione: due candele per cilindro alimentate da due magneti distributori Marelli indipendenti
- Sistema di raffreddamento: ad aria

- Sistema di lubrificazione: forzato, con pompe a ingranaggi.

- Sistema di avviamento: pneumatico con una bombola da 12 litri a 15 bar (per 2 avviamenti) e con un motocompressore Garelli per la ricarica.

- Peso a vuoto: 590 kg

- Rapporto massa/potenza: 0,70 kg/hp

- Rapporto di riduzione elica: 0,725:1 con riduttore epiciloidale a ingranaggi conici di tipo Farman (la versione normale RC 38 ha un rapporto di riduzione dell'elica pari a 0,655:1).

Strumenti di bordo

Gli strumenti installati a bordo del velivolo sono:

Al centro:

1. bussola
2. indicatori di virata
3. altimetro da metri 8.000
4. indicatore di velocità da km/h 560
5. variometro

A sinistra:

6. comando apertura parabrezza
7. manometro compressore
8. contagiri da 3.000 giri
9. teletermometro olio
10. aletta freno
11. telepirometro
12. commutatore telepirometro
13. interruttore sirena
14. spia
15. manometro olio da 15 atmosfere
16. manometro benzina

A destra:

17. 2° indicatore di velocità da km/h 560
18. manometro pompa carrello tipo Allemano da 250 atmosfere
19. manometro accumulatore ruota di coda tipo Allemano da 80 atmosfere
20. riarmo mitragliatrice
21. avvisatore d'incendio tipo «Knook-Out»
22. indicatore elettrico e meccanico, carrello e ruota di coda
23. interruttore circuito carrello
24. spia

25. manometro freno carrello tipo Fast da 10 atmosfere costruzione
Allemano.
26. orologio.

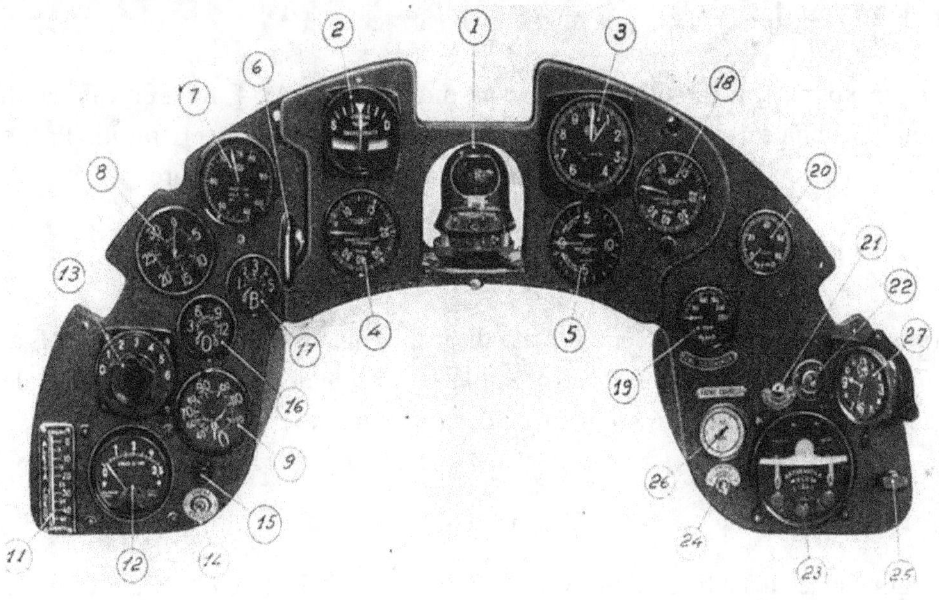

Versioni

- **Prototipi**

Due prototipi (MM.336/MM.337) con motore Fiat A.74 RC.38, cabina di pilotaggio chiusa, carrello e ruotino di coda completamente retrattili. Primo volo il 24 dicembre1937 nelle mani del collaudatore Giuseppe Burei.

- **M.C. 200**

Prima versione di grande serie, dotata di profilo alare modificato e motore Fiat A.74 RC.38. A partire dal 241° esemplare si rinunciò alla cabina totalmente chiusa e, dopo i primi 146 esemplari, alla retrattilità del ruotino di coda.

- **M.C. 200 A2**

Designazione di fabbrica della versione con motore Fiat A.74 RC.38, e ala e carrello del C.202.

- **M.C. 200 B2**

Designazione di fabbrica della versione con motore Fiat A.74 RC.38, e solamente il bordo di attacco alare del C.202.

- **M.C. 200 AS**

Versione ricavata per conversione degli esemplari destinati al teatro operativo dell'Africa Settentrionale Italiana (A.S.I.).
Montava un filtro antisabbia alla presa d'aria del carburatore.
Dopo la fine della guerra, questo Macchi fu impiegato per compiti addestrativi a Lecce fino al 1947. Una volta radiato fu ceduto all'istituto come cellula addestrativa nella sezione Costruzioni Aeronautiche; purtroppo qui il velivolo perse la sua livrea originale sostituita da una in rosso con coccarde posticce e colori invertiti. Rimarrà presso questo sito fino al 1962, quando, fortunatamente, venne recuperato dall'Aeronautica e trasferito al Centro Raccolta Velivoli Storici a Vigna di Valle.

- **M. C. 200 CB**

Versione ricavata per conversione degli esemplari destinati al teatro operativo dell'Africa Settentrionale Italiana (A.S.I.) destinati al ruolo di cacciabombardiere.
Montavano due travetti alari portabombe del peso di 3 kg e capacità di trasportare una bomba da 50, 100 o 160 kg.

- **M.C. 200 Bis**

Designazione di fabbrica per un esemplare realizzato dalla Breda, sulla cellula dell'esemplare MM.8191, dotato di propulsore Piaggio P.XIX RC45 Piaggio capace di 1.180 hp (880 kW) a 4.500 metri (14.800 piedi). Primo volo l'11 Aprile 1942 da Milano-Bresso pilotato da Luigi Acerbi. L'aereo era poi dotato di un'elica più grande e un cofano motore revisionato. La velocità massima negli studi era 535 km/h. Non entrò in produzione come C.200 in quanto sostituito da modelli più avanzati.

- **M.C. 201**

Precedentemente al C.200 Bis aveva volato un M.C.200 (MM. 436) con una fusoliera rivista e un motore Isotta Fraschini-Astro A.140RC.40 da 870 hp. Fu poi dotato di un propulsore Fiat A.74 RC.38 da 840 hp, in luogo del Fiat A.76 RC.40 da 1.000 hp non disponibile.
Il prototipo C.201 volò per la prima volta nell'agosto 1940 nelle mani del collaudatore Guido Carestiato, raggiungendo una velocità di 512 km/h, rispetto ai 505 mediamente raggiunti dagli esemplari di serie.
L'aereo si avvaleva, infatti, di migliorie aerodinamiche quali la fusoliera senza il rigonfiamento a schiena d'asino e l'abitacolo chiuso. Gli sforzi dedicati al progetto M.C. 201 furono ridotti al minimo indispensabile, modificando il disegno della fusoliera del C. 200 per adattarla al nuovo propulsore Fiat A.76; il C. 201 fu realizzato in due soli esemplari che ricevettero le matricole MM 436 e MM 437. I due velivoli non arrivarono mai al volo con il tanto atteso motore Fiat A.76 e, solo per amor di impegno contrattuale, furono completati con l'A.74 (propulsore standard del C. 200) mentre ferveva l'entusiasmo per il più

valido M.C. 202. Il primo volo del C. 201 fu eseguito da Carestiato il 25 agosto 1941 (un anno dopo il C. 202) e il secondo nel settembre successivo.

Macchi M.C. 201

Le due macchine furono, quindi, accantonate e dopo la risoluzione di un contenzioso con l'Amministrazione Aeronautica per il riconoscimento dei sovracosti rispetto al contratto originale, ricevettero le matricole MM 8616 (ex 436) e MM 8617 (ex 437) e furono trasportati a Guidonia dal Maresciallo Gori e dal Sergente Staube il 28 giugno 1942.

Impiego

Il Saetta fu impiegato su tutti i fronti operativi della Regia Aeronautica, tranne che sulla Manica, operando come intercettore, caccia da scorta e cacciabombardiere; all'armistizio, nel settembre 1943 erano ancora in servizio una cinquantina di M.C. 200.

Successivamente 23 furono impiegati dall'Aeronautica Cobelligerante e 8 dall'Aeronautica della Repubblica Sociale Italiana, in entrambi i casi per compiti di addestramento.

Nel corso della produzione l'MC 200 subì poche modifiche: dopo i primi 242 esemplari venne eliminata la cappottina trasparente scorrevole. Per l'impiego in Africa settentrionale vennero installati filtri antisabbia, mentre i cacciabombardieri furono dotati di travetti subalari.

I primi M.C.200 vennero consegnati alla Regia Aeronautica nel 1939; al momento dell'entrata in guerra, il 10 giugno 1940, gli esemplari in linea erano 156, la metà pronta all'impiego, con il 16° Gruppo autonomo da caccia terrestre, la 81ª squadriglia del 6° Gruppo caccia del 1° Stormo Caccia Terrestre in Sicilia, il 152° e il 153° Gruppo del 54° Stormo a Vergiate.

Il primo novembre, gli M.C.200 ottennero la loro prima vittoria, quando un Sunderland (idrovolante britannico), in missione di ricognizione, fu attaccato appena al largo di Augusta in Sicilia, da una pattuglia in crociera di protezione. Con l'arrivo, verso la fine di dicembre, del X Fliegerkorps in Sicilia, i Macchi furono assegnati di scorta ai Junkers Ju 87 del I/StG.1 e II/StG.2 nelle loro missioni su Malta. A quel tempo gli Stuka tedeschi, infatti, non avevano ancora un'adeguata protezione, non essendo ancora arrivati i Messerschmitt Bf 109 del 7./JG 26.

In combattimento con gli Hawker Hurricane, si dimostrò efficace, nonostante una relativa superiorità del monoposto britannico per velocità e potenza di fuoco, con prestazioni eccezionali nei duelli aerei e senza difetti particolari.

Dall'entrata in guerra, nel giugno 1940, fino alla resa dell'8 settembre, l'M.C. 200 era il caccia italiano più utilizzato; operativo in Grecia, Nord Africa, Iugoslavia, Mediterraneo e Russia (dove ottenne l'ottimo rapporto di abbattimento di 88 aerei nemici contro i 15 persi), il Saetta poteva competere con i migliori caccia alleati, uscendone spesso vincitore.

Prima della fine del 1941 lo Spitfire era l'unico caccia avversario in grado di surclassare il Macchi 200, anche se il P-40 e l'Hurricane delle versioni avanzate (specie se privo di filtri anti sabbia) potevano dare grossi grattacapi.

Dopo tale data, iniziarono ad arrivare progressivamente caccia americani di prestazioni superiori, quali il P-47, P-38, P-39, P-51 Mustang, e allo stesso modo anche i sovietici sostituirono i loro apparecchi antiquati con macchine notevolmente più moderne (in particolare Yak 3 e Yak 9).

Gli inglesi avevano progressivamente ritirato i Gloster Gladiator e gli Hurricane, sostituendoli (nel 1941 a Malta e successivamente su tutti i fronti) con Spitfire e Curtiss P- 40, quindi, dal 1941/1942 in poi il Saetta divenne progressivamente obsoleto; l'armamento leggero non gli permetteva di agire efficacemente come intercettore.

Allo scoppio delle ostilità contro la Jugoslavia, i Macchi del 4° Stormo entrarono in azione; all'alba del 6 aprile 1941, ore prima della dichiarazione ufficiale di guerra, quattro M.C. 200 della 73ª Squadriglia svolsero la prima missione di questo ciclo operativo, sorvolando la piazzaforte di Pola e spingendosi fino all'isola di Cherso, incendiando una petroliera.

I Macchi del 4° Stormo si alzarono in volo contro la Jugoslavia per l'ultima volta il 14 aprile: 20 "Saette" del 10° Gruppo compirono una crociera offensiva fino a 100 km a sud di Karlovac, ma non incontrarono velivoli nemici.

Le operazioni sul fronte jugoslavo terminarono il 17 aprile. In undici giorni il 4°
Stormo non perse alcun velivolo e distrusse al suolo 20 idrovolanti, colpendone
altri dieci.

In questo periodo, tutti i motori Fiat A.74, prodotti su licenza dalla Reggiane,
dopo un'ispezione di un capitano del Genio aeronautico e di un ingegnere della
ditta, furono sostituiti per guasti che portavano le temperature dell'olio a livelli
pericolosi. Per il Macchi M.C.200, il deserto fu il teatro di operazioni più
importanti; i primi undici M.C.200 giunsero il 19 aprile 1941 a Castel Benito,
quelli della 374ª Squadriglia alla guida del Cap. Favini. A fine giugno ne
restavano solo nove. Seguirono, il 2 luglio, quelli della 372ª, del 153° Gruppo
Asso di Bastoni, il 2 luglio. L'8 dicembre 1941, i Macchi MC.200 del 153°
Gruppo si scontrarono con gli Hurricanes del 974th Squadron. Nel corso di un
combattimento, il comandante britannico, Wing Commander Sidney Linnard
vide un Macchi che attaccava un Hurricane.

Linnard cercò di togliere il Macchi dalla coda del pilota britannico, ma il
Macchi, virando più stretto, colpì l'abitacolo del'Hawker. L'Hurricane colpito si
capovolse e precipitò in picchiata, uccidendo l'asso (sei aerei distrutti)
neozelandese della RAF Flight Lieutenant Owen Vincent Tracey. Il consuntivo
luglio-dicembre del 153° Gruppo fu di 359 azioni per un totale di 4.686 ore e 54
avversari distrutti a terra e in volo.

Il 20 luglio del 1942 arrivava a Tripoli il 18° Gruppo del 3° Stormo con le
squadriglie 83ª, 85ª e 95ª. Ventuno "Saetta", in tutto, muniti di due travetti
portabombe alari del peso di 3 kg, a somiglianza dei Fiat C.R.42 per carichi fino
a 160 kg, anche se spesso erano agganciate quattro da 15 kg. I "Saetta", seppur
come intercettori sempre più sostituiti dai più potenti Macchi M.C.202,
affrontavano anche i primi quadrimotori alleati. Il 14 agosto il sottotenente
Vallauri del 2° Stormo attaccò da solo quattro B-24 Liberator nel cielo di
Tobruk, riuscendo ad abbatterne uno. Il 23 agosto 1942, tre M.C.200 si
lanciavano su un gruppo di Liberator e il sergente Zanarini e il sottotenente
Zuccarini ne abbatterono uno. Il bilancio dell'unità, in quell'agosto, fu di 198
aerei impiegati in 394 ore su Tobruk, 1.482 ore di scorte a 77 convogli.

Ma la superiorità alleata si faceva sempre più schiacciante.

In ottobre i Macchi 200 perduti dal 2° Stormo furono dieci; all'inizio di
novembre 1942 i "Saetta" in prima linea - tra 2° e 3° Stormo - erano solo 15.
Anche se surclassati in velocità e armamento dalle ultime versioni degli Hawker
Hurricane, dai Curtiss P-40 e soprattutto dagli Supermarine Spitfire, i Macchi
riuscivano a ottenere ancora qualche vittoria.

In novembre il tenente Savoia e il sergente maggiore Baldi abbatterono due Bristol Beaufighter, mentre il sergente Turchetti riuscì ad abbattere due aerei. Ma il primo dicembre il 2° Stormo aveva in carico solo 42 "Saetta", dei quali 19 efficienti. Il 29 marzo 1943, nel settore di Gabes, in Nord Africa, 15 M.C.200 intercettarono P-40 e Spitfire dichiarando 4 vittorie al prezzo di un atterraggio forzato. Su Malta si registrò probabilmente la prima perdita di un M.C.200.

Il 23 giugno 1940, quattordici Macchi del 6° Gruppo, di cui nove della 79ª Squadriglia, otto dell'88ª e uno dell'81ª, scortavano sull'isola-fortezza dieci SM.79 dell'11° Stormo. Due Gloster Gladiator furono fatti decollare. Il N5519 pilotato dal Flight Lieutenant George Burges dopo aver attaccato uno dei Savoia Marchetti fu a sua volta ingaggiato dal "Saetta" del sergente maggiore Molinelli della 71ª Squadriglia, al largo di Sliema, in un duello aereo in "stile Prima Guerra Mondiale". Superato in manovra nonostante la maggiore velocità, il Saetta fu colpito e precipitò in mare. A settembre dello stesso anno volarono su Malta per scortare i bombardieri S.M.79 o i ricognitori CANT Z.1007bis. Il mattino del 25 luglio 1941 un Cant. Z da ricognizione fotografica del 30° Stormo fu inviato su La Valletta per fotografare il convoglio inglese "Substance" che aveva attraccato il giorno prima.

Una quarantina di Macchi C.200 del 54° Stormo di Comiso e del 10° Gruppo di Gerbini furono incaricati di scortare il ricognitore. Su Malta una trentina di Hurricane piombarono sulla formazione; il trimotore precipitò in fiamme e due Macchi furono abbattuti: quello del sottotenente Liberti, che morì, e quello del tenente De Giorgi. I piloti dei "Saetta" dichiararono l'abbattimento di quattro Hurricane: due da parte del sergente maggiore Magnaghi, uno dal capitano Gostini e uno dal sergente Omiccioli, della 98ª Squadriglia. Alcuni esemplari in carico al 1° Stormo Caccia, appartenenti alla prima serie di produzione, furono ritirati dalla prima linea per problemi dovuti a profilo alare difettoso. Corretto questo inconveniente, il Macchi M.C.200 dimostrò essere una macchina affidabile. Molto maneggevole, aveva una velocità ancora sufficiente per competere con l'Hawker Hurricane, rispetto al quale era superiore nel combattimento manovrato, ma superato come potenza di fuoco.

La manovrabilità e la robustezza della struttura e del motore radiale erano le uniche risorse del "Saetta" che, occasionalmente, e solo grazie all'esperienza dei piloti, riusciva a ottenere qualche vittoria aerea. Una delle ultime si verificò pochi giorni prima dell'Armistizio. Il 3 settembre 1943, (o più probabilmente 2 settembre 1943) mentre era di pattuglia sulla base navale del porto di La Spezia, il tenente Petrosellini della 92ª Squadriglia dell'8° Gruppo fu messo in allerta dalla guida-caccia.

Uno stormo di 24 Boeing B-17 Flying Fortress americani si stava avvicinando; Petrosellini eseguì da solo due attacchi, incontrando il classico violento fuoco di sbarramento dei B- 17, riuscendo ad abbatterne uno ed eseguendo poi un atterraggio di emergenza sul suo aeroporto di Sarzana. Il 22 giugno 1941 inizia l'offensiva tedesca contro la Russia. Nonostante la triste esperienza del Corpo Aereo Italiano in Belgio, il Capo del Governo non esita a offrire alla Germania l'invio di unità aeree e, questa volta, anche terrestri.

Così il 10 luglio 1941 comincia il trasferimento verso l'Ungheria del Corpo di Spedizione Italiano in Russia (C.S.I.R.); l'aliquota aeronautica iniziale è formata dal 22° gruppo caccia (359a, 362a, 369a, 371a squadriglia) con 51 Macchi M.C. 200, e dal 61° gruppo osservazione aerea con 32 Caproni Ca. 311.

I velivoli giungono in Russia nella prima metà di agosto e avanzano, di campo in campo, seguendo le favorevoli sorti del fronte terrestre; questi progressi territoriali, alla fine, segneranno il destino delle forze italo-tedesche sperdute in un deserto, non meno temibile di quello africano. Tudora, Krivoi Rog e, dopo le favorevoli operazioni sul Dnepr a fine settembre 1941, Saporoshje. Il 9 novembre, la 371a squadriglia è ancora più avanti, a Stalino. Nonostante alcuni progressi della controffensiva russa in dicembre, le truppe italo-tedesche rimangono nella zona del Don, sino al luglio 1942.

Cosa sia stato questo primo inverno russo per i reparti della nostra aviazione e in particolare per i reparti di M.C. 200, è bene illustrato da una pagina del diario della 371a squadriglia, compilata in data 6 dicembre 1941 dal capitano Enrico Meille sull'aeroporto di Stalino:

- Insufficienti i teli di copertura.
- Insufficienti le stesse stufe e i convogliatori d'aria calda.
- Congelamento delle tubazioni per l'emissione della benzina per il funzionamento a basso regime.
- Necessità di preriscaldare i motorini di avviamento e, ben più a lungo, l'olio dei motori.
- Congelamento nella pompa di comando degli impianti idraulici.
- Congelamento dell'olio nel circuito idraulico del carrello con conseguente impossibilità di retrazione, una volta in volo.
- Specialisti al lavoro con 30° sotto zero, soggetti a congelamenti agli arti e al volto.

- Piloti che trovano in quota, negli abitacoli aperti, temperature ancora più basse e per le quali le stesse tute elettroriscaldate si rivelano insufficienti, con conseguenti fenomeni di congelamento.

- Parabrezza degli aerei, collimatori a riflessione per il tiro, gli stessi occhiali dei piloti, permanentemente appannati con riduzione a visibilità modestissima.

Nonostante tutto questo, quando i nostri caccia riescono a intervenire, ottengono buoni successi sui velivoli russi.

Tra il 25 e il 29 dicembre, vengono abbattuti 12 velivoli sovietici contro la perdita di un solo M.C. 200.

Il 28 dicembre fu ricco di successi per gli italiani: abbatterono nove apparecchi sovietici, inclusi sei caccia Polikarpov I-16, nell'area di Timofeyevka e Polskaya senza perdite. Tutte queste vittorie furono ottenute dalla 359ª Squadriglia.

Il 22° Gruppo, come le altre unità della Regia Aeronautica, non riconosceva vittorie individuali. Il 29 dicembre 1941 la 369ª Squadriglia perse il comandante, il ventinovenne capitano Giorgio Jannicelli, che combatté una solitaria battaglia aerea contro più di dieci I-16 e Mikoyan-Gurevich MiG-3.

Gli fu concessa la Medaglia d'Oro postuma.

Il 4 e 5 febbraio seguono brillanti operazioni sull'aeroporto russo di Kranyi Liman con la distruzione al suolo di dieci velivoli nemici e l'abbattimento di altri cinque, levatisi su allarme. Altri quattro velivoli russi sono abbattuti negli scontri del 24 e 28 febbraio, quattordici durante il mese di marzo, cinque in maggio, cinque in giugno, undici in luglio.

In maggio sono pervengono dieci ulteriori M.C. 200 e in giugno, l'organico di una squadriglia. Dopo Stalino, i C. 200 passano sugli aeroporti di Borvenkovo, Makejevka, Tazinskaja, Voroscilovgrad, Oblivskaja, Millerovo, Kantemirovka: dunque, sempre più avanti e sempre più lontano dalle fonti di rifornimento. Pur dovendosi considerare il velivolo ormai sorpassato, esso si trova di fronte aerei decisamente mediocri e piloti non molto ben addestrati. Ne è a riprova, in tutta la campagna, la perdita di 15 Macchi M.C. 200, contro 88 velivoli russi.

Ma i veri nemici di questa infelicissima spedizione, sono le distanze, le glaciali temperature invernali, o quegli altri periodi stagionali che impantanano gli aeroporti e le vie di comunicazione rendendo impossibile l'inoltro di rifornimenti.

La grande offensiva russa inizia l'11 dicembre 1942. Sono in linea 32 Macchi C. 200 e 11 C. 202, arrivati sul fronte in settembre.

Un Macchi MC.200 in Russia nel 1942 con due bombe da 100 kg in attacchi sub-alari.

Una squadriglia da caccia abbandona in tutta fretta il campo avanzato di Kantemirovka, mentre i russi avanzano con imponenti forze corazzate I caccia, i BR. 20 e i Ca. 311, gli SM. 81 da trasporto, fanno in questo difficilissimo periodo di pieno inverno, quanto è possibile fare: in poco più di un mese, 27 tra piloti, osservatori e personale di bordo, risultano deceduti o dispersi. Il 17 gennaio 1943 il 21° gruppo che dalla primavera del 1942 ha rilevato i C. 200 del 22°, inquadrandoli nella 256a, 382a e 386a squadriglia, esegue un'ultima missione di mitragliamento nella zona di Millerovo con l'impiego di 25 apparecchi.

Dopo, non rimane che ripiegare, cercando di salvare gli aeroplani e tutto il materiale logistico che può essere recuperato.

Il 15 maggio 1943, gli ultimi aerei lasciano definitivamente la zona di Odessa per rientrare in Italia. Dietro rimangono i ricordi legati a 1.000 km. di avanzata, la dispersione di un materiale che sarebbe stato ben più proficuo sul vacillante fronte africano, e soprattutto il sacrificio di tanti soldati appartenenti a ben dieci divisioni dell'esercito italiano.

In   Italia   rientravano 30 Macchi M.C.200 e nove M.C.202, mentre quindici aerei inservibili furono abbandonati durante la ritirata. Un totale di 66 aerei italiani erano stati persi sul fronte orientale per varie cause, a fronte, secondo i dati ufficiali, dell'abbattimento di 88 aerei nemici, durante 17 mesi di azione in quel teatro di guerra. Compendio delle operazioni: 2.557 voli di penetrazione offensiva, 511 in appoggio tattico con sgancio di bombe, 1.310 mitragliamenti, 1.938 scorte, 88 avversari distrutti; reparto di punta la 362ª Squadriglia del capitano Germano La Ferla che annienta al suolo tredici apparecchi sovietici abbattendone in volo trenta.

La robusta struttura metallica e il motore stellare raffreddato ad aria lo rendevano un ottimo aeroplano per attacchi al suolo, spesso impiegato come caccia bombardiere.

16° gruppo

Il 16° Gruppo era un gruppo di volo del Servizio Aeronautico del Regio Esercito, attivo nella prima e nella seconda guerra mondiale.

Nasce a Sovizzo il 16 dicembre 1917 formato dalle 31ª Squadriglia, 71ª Squadriglia caccia e 121ª Squadriglia, inquadrato nel Comando di Aeronautica della 1ª Armata al comando interinale del Capitano Amerigo Notari che comandava la 71ª. A fine dicembre riceve la 1ª Sezione SVA e il 4 gennaio 1918 l'interinale passa al Cap. Giulio Palma di Cesnola. Il 13 febbraio arriva la 135ª Squadriglia Pomilio e all'inizio del mese di aprile l'interinale passa al Cap. osservatore Franco Scarioni della 31ª. Il 12 maggio cede la 1ª Sezione SVA e si sposta al Campo di aviazione di Castelgomberto con le squadriglie.

Il 29 maggio il comando torna a Palma di Cesnola e a luglio si scioglie la 135ª.

Il 14 agosto il comando passa al Cap. Ercole Messi, il 4 settembre arriva la 134ª Squadriglia B e il 23 settembre cede la 71ª.

A dicembre va a Bolzano di San Giovanni al Natisone e al 28 febbraio 1919 è con la 31ª e l'11ª. Viene sciolto il 1° agosto 1919.

Nell'aprile 1937 fu formato il 16° Gruppo "Cucaracha" dell'Aviazione Legionaria che comprendeva la 24ª Squadriglia (precedentemente 1ª Escuadrilla de Caza del Tercio o Squadriglia Cucaracha), 25ª Squadriglia (precedentemente 2ª) e 26ª Squadriglia (precedentemente 3ª) sui Fiat C.R.32 a Cáceres (Spagna).

Il 3 agosto 1937 il XVI Gruppo "La Cucaracha" operava ancora nella Guerra civile spagnola.

Il 17 gennaio 1938, promosso al grado di maggiore Armando François, sostituì il maggiore Casero al comando del 16° Gruppo Caccia, di stanza sull'aeroporto di Saragozza-Sanjurjo.

Il 6 marzo fu sostituito dal maggiore Ciro Aiello, ma, proprio quando si accingeva a rientrare in Italia, il Maggiore Aiello fu abbattuto il 14 marzo, ed egli dovette riassumere il comando del gruppo che mantenne fino al 10 agosto, quando fu sostituito dal tenente colonnello Arrigo Tessari.

Nel pomeriggio del 23 maggio i 28 Fiat C.R.32 del 16° Gruppo scortarono 20 bombardieri S.79 Sparviero e cinque B.R.20 Cocogna sulla testa di ponte di Balaguer, in Catalogna, a sostegno dell'esercito nazionalista spagnolo. Durante i combattimenti di quel giorno abbatte un caccia Polikarpov I-16.

Nella mattina del 5 agosto guidò in azione le tre squadriglie del 16° Gruppo, forti complessivamente di 30 Fiqat C.R.32, intercettando sei Tupolev SB della

3ª Escuadrilla "Katiuska", scortati da 21 caccia I-16, che stavano avvicinandosi alle posizioni nazionaliste da nord-est, attraversando la linea del fiume su Cherta. Durante il seguente combattimento reclamò la distruzione condivisa di un SB, il cui equipaggio si lanciò con il paracadute e atterrò nella zona repubblicana.

Al 10 agosto 1938 Tessari divenne comandante del 16° Gruppo Caccia "La Cucaracha", del 3° Stormo Caccia dell'Aviazione Legionaria basato a Caspe. Come suo primo gregario aveva il sergente maggiore Giuseppe Biron; nel dicembre del 1938 il suo Gruppo viene destinato ad appoggiare l'avanzata nazionalista su Barcellona. Con la fine della guerra civile rientra in Italia.
Fino al 1938 il 16° Gruppo volava con la 168ª e 169ª Squadriglia con i Caproni A.P.1 nel 50° Stormo d'Assalto.
Il 10 giugno 1940 il reparto era a Sorman al comando del Maggiore Spartaco Sella con i Breda Ba.65 della 167ª su sei BA 65 e 168ª Squadriglia su cinque BA 65 nel 50° Stormo d'Assalto dell'Aeronautica della Libia - Ovest. In relazione alle operazioni legate all'Invasione della Jugoslavia nell'aprile 1941 entra in allarme come reparto da caccia dall'Aeroporto di Ravenna con 22 Macchi M.C. 200 della 2ª Squadra aerea. Nel febbraio 1943 è all'aeroporto di Médenine in Tunisia sui Macchi M.C. 202 passando poi al 54° Stormo.

21° Gruppo

Il 21° Gruppo Autonomo Caccia Terrestre, o semplicemente 21° Gruppo Caccia, fu un gruppo della Regia Aeronautica che combatté sul fronte russo e su quello italiano durante la seconda guerra mondiale.

Vespa arrabbiata simbolo del 21º Gruppo

Il 4 maggio 1942 il 21°Gruppo (composto dalla 356a, 382a, 361a e 386a squadriglia) avvicenda il 22° Gruppo, mentre il 71° Gruppo da Osservazione Aerea su Caproni Ca.311, costituito dalla 38ª e 116ª Squadriglia, sostituì il 61° Gruppo. I gruppi vennero inquadrati nella neo costituita 8ª Armata Italiana in Russia (ARM.I.R.) forte di circa 227.000 uomini sotto il comando del generale Italo Gariboldi.

Il 21° Gruppo, comandato dal Maggiore Ettore Foschini, fu dotato di 18 nuovi Macchi M.C. 200. Durante la seconda battaglia per Kharkov (12-30 Maggio), gli italiani effettuarono numerosi voli di accompagnamento per i bombardieri tedeschi. Nel mese di maggio, i piloti del 21° Gruppo ricevettero gli elogi dal comandante della 17a Armata tedesca, soprattutto per i loro attacchi audaci ed efficaci nella zona di Slavyansk.

Durante l'avanzata tedesca, nell'estate del 1942, il 21 ° Gruppo fu trasferito a Makeyevka e successivamente a Voroscilovgrad e Oblivskaya. Sempre più spesso, i Macchi avevano il compito di scortare gli aerei tedeschi e il 25 e 26 luglio 1942, cinque M.C. 200 furono persi in combattimenti aerei. A partire dalla tarda primavera del 1943 il Gruppo si trova impegnato in Italia e sarà coinvolto nelle operazioni aeree a contrasto dello Sbarco in Sicilia. A seguito dei fatti dell'8 settembre 1943 il gruppo sarà disciolto.

22° Gruppo

Il 22° Gruppo Autonomo Caccia Terrestre, o semplicemente 22° Gruppo Caccia, fu un gruppo della Regia Aeronautica che combatté sul fronte russo durante la seconda guerra mondiale.

Il 22° Gruppo venne inviato al fronte nell'estate del 1941 con quattro squadriglie formate da piloti veterani, la 359ª, 362ª, 369ª e la 371ª. Il Gruppo restò al fronte fino al maggio 1942, quando venne sostituito dal 21° Gruppo Autonomo Caccia Terrestre. A partire dal 1953 il 22° Gruppo venne annesso al 51° Stormo della rifondata Aeronautica Militare della Repubblica italiana.

Il Comando Aviazione del Corpo di spedizione italiano in Russia venne ufficialmente costituito il 29 luglio 1941 sull'aeroporto di Tudora; il Gruppo atterrò in questo aeroporto il 12 agosto.

Gli apparecchi erano 51 Macchi M.C. 200 che adottavano una mimetizzazione mediterranea: fondo ocra chiaro, con fitto reticolo di macchie irregolari verde opaco, mentre la cappottatura del motore, la fascia sulla fusoliera appena dietro l'abitacolo e il bordo inferiore all'estremità alare erano gialle. Sul bordo d'attacco delle ali apparivano due grossi triangoli bianchi, con la punta rivolta verso l'interno dell'ala. I numeri identificativi e della squadriglia erano dipinti di nero. I Macchi erano accompagnati da due Savoia-Marchetti S.M.81 e tre Caproni Ca.133 per il supporto logistico.

Il 16 agosto arriva anche il 61° Gruppo da Osservazione Aerea con 32 Caproni Ca.311 (34ª, 119ª, e 128ª squadriglia) e un Savoia-Marchetti S.M.82 per il supporto.

Il 27 agosto il Gruppo effettua il battesimo del fuoco abbattendo otto aerei sovietici, due Polikarpov I-16 e sei Tupolev SB-2, senza riportare perdite.

Nei giorni successivi i sovietici non portarono più in volo i loro apparecchi, troppo vecchi al confronto dei Macchi. Gli italiani pensarono, quindi, di aver spaventato il nemico, da qui l'adozione dello spaventapasseri che fuma gli aerei nemici, rappresentati da otto stelle rosse.

Lo stemma del Gruppo era, infatti, uno spauracchio su triangolo bianco. Il 22° Gruppo rientrò in Italia il 4 maggio 1942 lasciando i velivoli al subentrante 21° Gruppo. A fine giugno verrà rischierato in Sardegna con i nuovi Reggiane Re.2001 e poi in Sicilia, al comando del maggiore Vittorio Minguzzi. Poi il reparto passerà alla difesa di Napoli. A partire dalla primavera del 1943 una delle squadriglie del gruppo, la 362ª, avrà in carico alcuni nuovissimi Reggiane Re.2005 di pre serie, che utilizzerà in missioni di intercettazione assieme ai Macchi M.C. 202, ai Reggiane Re. 2001 e ai Dewoitine D.520 già in carico. Il primo pilota a portare in combattimento il nuovo caccia sarà il comandante del gruppo maggiore Minguzzi.

Dopo la guerra, il 22° Gruppo, ribattezzato Gruppo Intercettori, venne integrato nel 51° Stormo e operò con i caccia intercettori F-104S e, dal 1989, F-104ASA. Nel 1995 ricevette la medaglia d'argento e di bronzo al valor militare per l'attività svolta durante la seconda guerra mondiale.
Il 25 febbraio 1999 nell'ambito dei provvedimenti volti alla riorganizzazione dell'Aeronautica Militare il gruppo venne posto in "posizione quadro", mentre gli ultimi velivoli e parte del personale vennero ereditati dal XX Gruppo del 4° Stormo.

4° Stormo

Il 4° Stormo caccia nacque il 1° giugno 1931 nell'Aeroporto di Udine-Campoformido su velivoli Fiat C.R.20, incorporando in esso alcune squadriglie già appartenute al 1° Stormo, tra le quali la 91ª, nota anche come la squadriglia degli assi, in quanto i suoi piloti si contraddistinsero nel corso della prima guerra mondiale collezionando un numero elevato di vittorie.

Tra questi, quelli con più di 10 vittorie furono: Ferruccio Ranza, Luigi Olivari, Fulco Ruffo di Calabria, Pier Ruggero Piccio e il famosissimo Francesco Baracca.

Proprio dall'asso per antonomasia del Servizio Aeronautico del Regio Esercito, il 4° Stormo prese il simbolo (il cavallino rampante derivato dalla "pezza storica" del suo vecchio Reggimento "Piemonte Reale Cavalleria"), che lo avrebbe contraddistinto fino ai giorni nostri.

Alla fine del mese di maggio la 84ª Squadriglia e la 91ª, incorporate nel 7° Gruppo Autonomo Caccia Terrestre dell'Aeroporto di Ciampino Sud, si trasferiscono a Campoformido, sede a quel tempo del 1° Stormo caccia; da questo Stormo vengono presi il 9° Gruppo caccia con la 73ª Squadriglia, la 96ª e la 97ª e il 10° Gruppo con la 90ª Squadriglia, l'84ª e la 91ª. Il 9 settembre il X Gruppo che era all'Aeroporto di Aviano si sposta all'Aeroporto di Gorizia -

Merna seguito, il 28 dello stesso mese, dal IX e dal comando Stormo e fu dotato, tra i primi stormi, dei C.R. Asso (una versione con motorizzazione potenziata del Fiat C.R.20). Nel gennaio 1936, personale della 97ª Squadriglia, contribuì a formare la 150ª Squadriglia del 6° Stormo a Campoformido; nel mese di marzo personale e materiale della 90ª Squadriglia venne spostato all'Aeroporto di Torino-Mirafiori per creare la 366ª Squadriglia del 53° Stormo e nel mese di luglio la restante forza della 90ª creò la 367ª Squadriglia del 52° Stormo dell'Aeroporto di Ghedi. Fra i suoi piloti vi era anche Aldo Remondino. Tra l'ottobre 1931 e l'ottobre 1932 fu al comando di Felice Porro e dal maggio 1933 al marzo 1934 del Colonnello Amedeo Duca D'Aosta. Nel 1935 venne dotato dei Fiat C.R.32.

L'anno successivo lo Stormo venne impiegato nell'Africa Orientale Italiana e, in seguito, ebbe il battesimo del fuoco durante la guerra civile spagnola. Nel 1939 prese parte con 5 Caproni Ca.133 all'Invasione italiana dell'Albania e dal mese di settembre riceve i Fiat C.R.42.

Allo scoppio della seconda guerra mondiale, il 4° Stormo del Colonnello Cesare Caccianotti era all'Aeroporto di Gorizia con il 9° Gruppo caccia del Maggiore Ernesto Botto con la 73ª Squadriglia con cinque CR 42, la 96ª con cinque CR 42 e la 97ª Squadriglia con quattro CR 42 nella 2ª Divisione Caccia Terrestre "Borea" del Generale B.A. Silvio Scaroni di Caselle della 1ª Squadra aerea.

Fu impiegato inizialmente sul fronte occidentale, poi in Sicilia e, infine, in Cirenaica (Libia orientale), dove poté contare sui nuovi C.R.42. Il 10 giugno 1940 il 10° Gruppo era all'Aeroporto di Tobruk T.2 con l'84ª Squadriglia, la 90ª Squadriglia e la 91ª Squadriglia con nove Fiat C.R. 42, ognuna al comando del Ten. Col. Armando Pieragino nell'Aeronautica della Libia - Est. Il 13 luglio lo Stormo è con entrambi i gruppi all'Aeroporto di Berca. Nel dicembre successivo lo stormo rientra in Italia con il 9° Gruppo seguito nel gennaio 1941 dal 10° Gruppo. Nel 1941 su M.C. 200 lo stormo fu ridispiegato in Sicilia, da cui effettuava incursioni su Malta e operazione di scorta ai trasporti.

Il 1 gennaio 1942 Armando François assunse il comando del 4° Stormo Caccia Terrestre, che era stato appena riequipaggiato con i caccia Macchi M.C. 202 Folgore. Nell'aprile del 1942, dopo aver subito numerose perdite, fu ricostituito in Sicilia e in Cirenaica sui Macchi M.C. 202.

Tra il 20 e il 22 maggio, i Macchi del "Cavallino Rampante" si trasferiscono in Nord Africa; il 25 maggio, il 9° e 10° Gruppo si schierano sull'Aeroporto di Martuba 4, uno dei campi attorno a Derna (Libia). I suoi M.C. 202 appartenenti al 9° e 10° Gruppo partecipano all'offensiva dell'Asse del 26 maggio 1942 quando prima dell'alba, nove Fiat C.R.42 eseguono un attacco contro l'Aeroporto militare di Gambut che viene subito dopo colpito da 59 M.C. 202: risultano colpiti 24 caccia avversari in fase di decollo.

Dal mese di giugno si sposta a Fuka (Aeroporto militare di Sidi Haneish) dove il 20 ottobre, la Royal Air Force effettua grandi attacchi contro lo Stormo. La notte del 25 agosto 1942 fu forse quella di maggior successo per la caccia notturna italiana; il tenente colonnello François, comandante del 4º Stormo, decollò su un Fiat C.R.42, probabilmente preso in prestito dalla 238ª Squadriglia, per contrastare i bombardamenti notturni della RAF su Fuka (Aeroporto militare di Sidi Haneish), in Nordafrica, intercettando e abbattendo un bombardiere bimotore non identificato che cadde in mare a 4 km dalla costa.

Dopo l'atterraggio, sullo stesso aereo salì il tenente Giulio Reiner che, guidato dalla radio-guida intercettò a 2.500 metri, sempre sopra Fuka, uno Wellington (DV514/U) del No.70 Squadron RAF. Reiner colpì il vano bombe del bombardiere che precipitò a 10 km a sud est di Fuka, esplodendo. La caccia italiana affronta dei combattimenti il 20 ottobre, altri combattimenti il 21 ottobre, contro formazioni avversarie tre o quattro volte più grandi.

Dal 22 al 31 ottobre, avvengono altri scontri; i gruppi da caccia italiani infliggono molte perdite all'avversario, ma non riescono a fermarlo dovendo, quindi, lasciare l'aeroporto per ripiegare l'11 novembre per tornare a Martuba, quando era rimasto con una decina di aerei operativi che cede al 3° Stormo per ricevere 28 M.C. 202, arrivati dall'Italia. Il 20 novembre, lo stormo era ad Ara Fileni di Ras Lanuf. Il 6 dicembre, il 9° gruppo passa alla difesa del porto di Tripoli, organizzata utilizzando anche impianti di radio localizzazione.

All'inizio del 1943 lo Stormo ricevette gli M.C. 205 e nell'estate dello stesso anno fu impiegato nella difesa della madrepatria dall'avanzata anglo-americana durante lo sbarco in Sicilia. Nell'ottobre successivo François lasciò il comando al maggiore Roberto Fassi. Alessandro Mettimanno, futuro Capo di stato maggiore dell'Aeronautica Militare, fra il 1° settembre 1943 e l'aprile del 1946 ha comandato la 84ª Squadriglia dello Stormo caccia terrestre; per la sua attività bellica, Mettimanno è stato decorato di due medaglie d'argento e una di bronzo al valor militare; inoltre ha ottenuto un avanzamento per merito di guerra.

Dopo l'8 settembre 1943, quando era a Castrovillari con il 10° Gruppo con l'84ª con tre M.C. 205, la 90ª con tre M.C. 205, la 91ª Squadriglia con due M.C. 205 e il 9° Gruppo caccia all'Aeroporto di Gioia del Colle con la 73ª con tre M.C. 205, la 96ª con tre M.C. 205 e la 97ª Squadriglia con tre M.C. 205, il 4° Stormo si trasferì all'Aeroporto di Brindisi-Casale e iniziò la collaborazione con le truppe Alleate. Al 31 dicembre era all'Aeroporto di Lecce-Galatina. Nel primo periodo della "cobelligeranza" continuò a usare i caccia precedentemente in dotazione, i Macchi M.C. 202 e M.C. 205.

Successivamente, venne riequipaggiato con 149 aerei americani ormai assai malconci dei tipi Bell P-39N, usati solo per la conversione dei piloti, e dei P-39 Q, usati in azione.

Le azioni belliche del periodo settembre 1943 - aprile 1945 riguardano soprattutto ricognizioni, mitragliamenti e attacchi contro le forze tedesche nei Balcani, dove le difese tedesche e l'inaffidabilità dei velivoli provocarono dolorose perdite.

Al nord, il 4° Stormo, sotto la guida di Fernando Malvezzi, diede vita al 3° Gruppo caccia "Francesco Baracca" dell'Aeronautica Nazionale Repubblicana.

La 73ª Squadriglia caccia era un reparto da caccia del Regio Esercito.

La 4ª Squadriglia caccia del Campo di aviazione di Verona-Tombetta del III Gruppo (poi 3º Gruppo caccia terrestre), nel cambio dei nomi di tutte le squadriglie il 15 aprile 1916, diventa la 73ª Squadriglia comandata dal Capitano Fernando Sanità che dispone di quattro Aviatik Salmson da 140 hp oltre al Lloyd C.II catturato al nemico.

Al 10 giugno 1940 era nel 9º Gruppo caccia del 4º Stormo sull'Aeroporto di Gorizia con cinque Fiat C.R.42.

Dopo l'entrata in guerra dell'Italia, il 9º Gruppo, fu dislocato dal 20 giugno all'Aeroporto di Torino-Mirafiori, per partecipare alle operazioni contro la Francia sul fronte occidentale e si trasferì il 29 giugno all'Aeroporto di Comiso in Sicilia per intervenire su Malta e, successivamente, in Nord africa.

Dal 12 luglio arriva all'Aeroporto di Tripoli con 19 piloti, tra i quali il Tenente Reiner e il SottoTenente Oblach, al comando del Tenente Pezzè, dal 13 luglio all'Aeroporto di Berca; a fine mese arriva un altro pilota e dal 5 agosto a el-Adem T3 (poi Base aerea Gamal Abd el-Nasser).

In seguito all'offensiva inglese, il 12 dicembre il 9° Gruppo si trasferì all'Aeroporto di Martuba vicino a Derna e il giorno successivo Oblach colse la sua prima vittoria individuale.

Mentre scortava cinque bombardieri Savoia-Marchetti S.79 Sparviero della 60ª Squadriglia del 33° Gruppo Autonomo Bombardamento Terrestre, che attaccavano concentrazioni di truppe e mezzi corazzati nemici vicino a Sollum, impegnò combattimento con una formazione di caccia sei Gloster Gladiator del No.3 RAAF Squadron abbattendone uno. Il giorno 19, in un altro combattimento aereo, Oblach danneggiò due caccia Hawker Hurricane.

Lo Stormo rientrò in Italia nel Natale 1940 per passare sui Macchi M.C. 200. Nel marzo 1941, nell'ambito della Campagna italiana di Grecia, si trasferisce all'Aeroporto di Brindisi-Casale con 12 M.C. 200 e per l'Invasione della Jugoslavia dal 4 aprile all'Aeroporto di Pola con nove piloti comandati dal Capitano Mario Pluda.

Nel settembre dello stesso anno, lo Stormo fu trasferito nuovamente in Sicilia, rientrando nuovamente in azione sui cieli di Malta.

Il 17 ottobre Oblach colse la sua seconda vittoria a spese di un bombardiere Bristol Blenheim vicino a Siracusa, mentre nel novembre successivo era a Comiso sugli M.C. 202.

Dopo un breve periodo di riposo durante l'inverno, partecipò a un nuovo ciclo operativo su Malta, durato fino all'inizio dell'estate del 1942. Verso la fine del mese di maggio, il 4° Stormo fu trasferito in Africa settentrionale per partecipare alla grande offensiva dell'Asse condotta dal generale Erwin Rommel. Dal luglio 1942 la squadriglia passa al comando del Ten. Reiner, poi promosso Capitano.

Il 9 ottobre 1942 Oblach abbatte un Curtiss P-40 nella zona di El Quteifiya, cui seguirono il 20 dello stesso mese due P-40 nella zona di Fuka, e il 25 un altro P-40. Oblach cadde in combattimento il 1° dicembre mentre effettuava una missione di scorta ad alcuni cacciabombardieri M.C. 200AS impegnati in una missione a sud-est di El Ahmar. Dopo aver abbattuto un ulteriore P-40, il suo velivolo venne a sua volta centrato da un altro P-40 e precipitò al suolo con la morte del pilota.

All'8 settembre 1943 era nel IX Gruppo all'Aeroporto di Gioia del Colle con tre M.C. 205. Al 2 maggio 1945 era all'Aeroporto di Lecce-Galatina nel 12° Gruppo caccia sui P-39 del 4° Stormo Caccia.

Tenente Costantino Petrosellini

Costantino Petrosellini, classe 1921, era sottotenente pilota di complemento quando venne assegnato alla 41ª Squadriglia del 63° Gruppo, basata sull'aeroporto di Campoformido a Udine. Pilotando un ricognitore biplano Ro.37 compie le sue prime missioni di guerra contro la Jugoslavia; nel luglio del 1941 inizia l'addestramento sul Macchi M.C. 200 e viene assegnato alla 92ª Squadriglia dell'8° Gruppo. Durante la sua carriera, viene decorato con tre Medaglie d'argento al valor militare e una Croce di Guerra, oltre a ottenere una promozione per meriti di guerra, abbattendo 5 aerei nemici, tra cui una Fortezza volante. Dopo la guerra ha continuato a volare nell'Aeronautica Militare, entrando nel reparto sperimentale.
Lasciata l'Aeronautica Militare ha proseguito a volare in Alitalia come primo Comandante. E' deceduto a Roma il 21 gennaio 2015.
Si riporta di seguito un estratto del diario del Tenente Costantino Petrosellini, pilota della Regia Aeronautica, per il periodo in cui ha combattuto in Africa settentrionale.

Arrivai all'8° gruppo caccia, a Bengasi (aeroporto K-3) ai primi dì maggio. Era stato un trasferimento-trasporto apparecchio da Caselle (Torino). Ero al comando di una pattuglia di tre Macchi M.C. 200, di cui faceva parte anche Pisano. La formazione, di dodici aeroplani, era agli ordini dell'allora capitano Veronesi (detto "la Madonna di Loreto" per le sue ineffabili doti di carattere). Io provenivo dal ciclo operativo 1941 in Jugoslavia e, perciò, la differenza di ambiente fu subito notevole. A Bengasi, nel maggio 1942, avevamo compiti di crociera di protezione sul porto ad alta quota. Bacich aveva assunto il comando del gruppo da pochi giorni, succedendo a La Carruba.
Le tre squadriglie erano comandante da Zannier (92a), Marcovich (93a) e Cecchet (94a).
Durante una delle crociere di protezione su Bengasi per ragioni tuttora sconosciute (forse un guasto all'impianto dell'ossigeno) precipitò nel porto il sottotenente Franciosi. Ma lo scopo principale di quella sosta a Bengasi (dopo la breve avanzata da Agedabia) era la preparazione del gruppo per la prossima offensiva che Rommel andava preparando. L'aeroporto K-3 si trovava sulla Balbia, appena a sud di Bengasi. I Macchi 200 erano schierati sotto gli alberi per sottrarli all'osservazione avversaria. Le condizioni generali erano accettabili

e cominciavamo a fare le prime esperienze di collegamento radio. Un giorno Serotini, che era di servizio al trasmettitore a terra (a bordo avevamo soltanto il ricevitore) mi diceva (ero in volo crociera a quota relativamente bassa):

"Se mi senti, fa' un tonneau" ed io lo facevo. "Se mi senti, vira a sinistra" ed io viravo.

Poi mi disse pure "Se mi senti, lanciati con il paracadute" ed io feci finta di non sentire...

Il 22 maggio, le tre squadriglie del gruppo si spostarono a Martuba 5. Martuba era una località nel deserto, circa 50 km a sud di Derna: un posto desolato, senza un filo d'erba, con il sole a picco, come nei film. C'erano cinque aeroporti, popolati dagli stormi 1°, 4° e 2° (il nostro), oltre ai Cr. 42 e Stuka del 5° e del 50° e i Messerschmitt e Ju 88 tedeschi. Tutti pronti per l'offensiva. Appena atterrati, al mattino, a Martuba 5, non si era neanche allontanato il polverone che già avevamo sulla testa il ricognitore inglese. E poche ore dopo, i bombardieri. Saranno state le tre del pomeriggio. Si presentarono una dozzina di Douglas Boston, scortati da una dozzina di P-40. Sganciarono a casaccio, ma il 1° stormo decollò in massa e furono tutti abbattuti, tranne un P-40. La notte ci fecero un bombardamento di rappresaglia sugli accampamenti, appena finiti di montare.

Le tende stavano ancora su per scommessa e i Wellington inglesi, uno alla volta, giù bengala e bombe per tutta la notte: da farci impazzire.

A saltoni, trovai una buca (i rifugi intorno alle tende non avevamo avuto il tempo di costruirli), mi ci misi dentro, in compagnia di un polacco morto (me ne accorsi all'alba) disseppellito dalle iene.

L'offensiva vera e propria ebbe inizio all'alba del 24 maggio 1942, quando il 4° stormo attaccò al suolo sull'aeroporto di Gambut l'intera forza da caccia inglese, di Spitfire e P-40, e la distrusse quasi completamente. La sorpresa fu tale che trovarono gli aerei ancora con le "capotes" sui motori. Il dominio del cielo era nostro, per cui cominciammo gli attacchi al suolo in appoggio alle truppe terrestri che, dalla linea che fronteggiava Ain el Gazala, iniziavano l'avanzata per investire Tobruk. Furono giorni terribili e bellissimi: in mezzo al polverone, alla sabbia, le formazioni decollavano, attaccavano gli obiettivi (carri, autocolonne, schieramenti nemici, fermi e in movimento), atterravano, sì rifornivano, ripartivano, e cosi dall'alba al tramonto. I miei gregari erano normalmente Moressi e Pisano, ma avevo anche con me spesso Monti, Pavan e altri. Zannier aveva lasciato il comando della 92a, che era stato assunto da Sansone. Questa frenetica attività durò praticamente un mese, fino alla caduta di

Tobruk (21 giugno). Fu un periodo glorioso, intessuto di episodi di audacia e di dedizione che sarebbe troppo lungo enumerare. Tutti o quasi i velivoli rientravano dalle azioni colpiti. Alcuni, purtroppo, non rientravano affatto. Avemmo perdite dolorosissime: Marcovich e Bottazzi, fra gli altri, furono fatti prigionieri.

Comandavo la formazione che seguiva quella di Cecchet.

Vidi l'aereo di Bottazzi prendere fuoco e atterrare senza carrello in mezzo a una nuvola di polvere e fiamme, mentre la contraerea continuava a spararci all'impazzata. Credevo proprio che non se la fosse cavata: invece, gli inglesi lo curarono molto bene e con molta umanità. Il 14 giugno, azione di stormo (60 aeroplani) contro le linee e sulla Balbla fra EI Mrassas e Tobruk: perdemmo Sozzi e D'Agostini.

D'Agostini, appena promosso capitano, aveva assunto il comando della 93a, al posto di Marcovich caduto prigioniero: atterrò incolume con il carrello su, fra gli australiani impazziti dopo giorni e giorni di attacchi dal cielo. Fu ucciso a colpi di pistola (la sua salma fu ritrovata, qualche giorno dopo, quando Tobruk era già caduta).

Alla sua memoria fu decretata la medaglia d'oro.

Ma anche i viventi non furono da meno. Palumbo con un polpaccio pieno di schegge riparti subito per l'azione, con il sangue che gli colava, e cosi Pavan. E tutto ciò lottando contro la sete, il caldo, la sabbia, il sole accecante; e contro la terribile contraerea della piazzaforte di Tobruk che ci decimava. Acroma, El Mrassas, Ain el Gazala, Mteifel el Ghebir, Segnali Sud, Trlgh Capuzzo, Bir Hakeim, Tmimi sono nomi che non dimenticheremo: sono rimasti nell'animo e nel cuore di noi superstiti come le ore della nostra giovinezza perduta (avevo allora 21 anni). Andavamo a mitragliare bassi, "a pelo della sabbia", a vedere l'avversario negli occhi...

Il Macchi 200 faceva miracoli, e noi ci sforzavamo di non essere da meno di lui. Come dicevo, Tobruk cadde il 21 giugno: 33.000 prigionieri, 6.000 morti, magazzini pieni, viveri, benzina, automezzi, armi e vestiario a non finire. L'intera 8° armata inglese praticamente distrutta. Il 24 giugno ci spostammo ad Ain el Gazala, sull'aeroporto inglese abbandonato da poche ore. Il 29 giugno, con Moressi e Pisano, mi spostai a Derna per effettuare la crociera di protezione all'arrivo di Mussolini che, come e noto, se ne tornò poi indietro senza aver potuto entrare ad Alessandria. Rimanemmo a riprendere fiato ad Ain el Gazala. Dolce nome: la fonte delle gazzelle; infatti, non c'era un goccio d'acqua. Un po' di pace, fino al 5 luglio.

Quel giorno, al seguito delle colonne che incalzavano i resti dell'8a armata, ci spostammo ad Abu Haggag, a ridosso delle linee di El Alamein. Atterrammo sotto una terribile tempesta di sabbia e fu un caso se qualcuno non ci lasciò le penne.

Il 12 luglio ricominciammo con i mitragliamenti; il deserto egiziano non era sostanzialmente diverso da quello libico, ma ci sovrastava, come la spada del destino, la spaventosa depressione di Qattara.

Un paesaggio dantesco, un costone dirupato di 300 metri d'altezza e sotto sabbie mobili per una lunghezza di due o trecento chilometri e una larghezza di altrettanti. L'aria, là sotto, era irrespirabile e i motori non ne volevano sapere di "tirare", quando, a volo radente alla base del costone andavamo a cercare le camionette inglesi. Sulla linea di El Alamein la contraerea inglese si era organizzata e avemmo ancora perdite dolorose.

Casadio, della 94a, si lanciò con tutto l'aeroplano contro l'autoblinda di testa di una colonna Inglese e scoppiò con essa, fermando l'intera colonna che tentava l'aggiramento di un nostro caposaldo. Ma più erano le perdite e più l'amicizia fra i superstiti diventava tenace, intensa, intima. Altri nomi di località si aggiungevano al ricordo: Fuca, Bir Khalda, Qattara Spring, Salt Spring, Qattara Boring Works, Gebel Kalabin. Il fronte si fermò a El Alamein qualche mese.

La guerra di posizione ci relegò alla scorta dei convogli di motozattere che portavano i rifornimenti lungo la costa, da Tobruk a Marsa Matruh. Fu un lavoro terribile, per la fatica, la monotonia, il clima: c'è da immaginare cosa significava decollare all'una o alle due del pomeriggio, dal deserto egiziano, ed effettuare una crociera di due ore a 500 metri, al minimo di velocità sulle motozattere. L'aereo scottava, letteralmente: volavamo con i calzoncini corti, a torso nudo, con solo giubbotto salvagente e con i guanti per non ustionarci le mani. La nostra logistica... funzionava come sempre: niente carne, frutta o verdura fresca. Solo gallette e scatolette, cosi tutti piagati dall'avitaminosi. E niente acqua minerale, che, invece, abbondava in retrovia. La 92a e la 93a (ora comandata da Bissoli) rimasero ad Abu Hag-gag, mentre la 94a si era spostata a Sidi el Barrani, che oltre tutto ci serviva da campo appoggio per le scorte.

Sembrava un lavoro oscuro: ma ci furono episodi bellissimi. Salvammo spesso le motozattere dagli attacchi improvvisi dei "Beaufighter", abbattendone diversi. Lancia fu a sua volta abbattuto, atterrò nel deserto e tornò ad Abu Haggag, con la bussola in mano, di notte, a piedi; e per poco le sentinelle non gli sparavano. Alla fine di settembre, Rommel tentò l'offensiva, che fallì per mancanza di carburante. Il gruppo delle divisioni corazzate rimase bloccato al di là delle linee inglesi, al lato sud dello schieramento di El Alamein. Così fu che la notte sul 24 settembre l'8° gruppo, a velivoli isolati, fu inviato a mitragliare in quella zona per tenere fermi gli inglesi (in particolare due divisioni indiane) mentre gli italo-tedeschi si ritiravano sulle posizioni di partenza con carburante rimediato Dio sa come e trasportato di corsa sul posto. Fu un'azione epica, disperata. Gli aerei non disponevano di orizzonti artificiali, né di mezzi di radionavigazione. L'illuminazione degli strumenti di bordo c'era per modo di dire, e non esisteva nessun mezzo di difendersi dal lampo accecante delle mitragliatrici, quando si sparava.

Nessuno aveva mai volato di notte con il Macchi 200 (tranne il povero Ruffini: una volta sola!) e l'atterraggio al buio, nel deserto, certo non presentava particolari caratteristiche di sicurezza.

Insomma, non avemmo perdite: e ancora oggi non so dire se fu fortuna o perizia. Miracolo, certamente, forse delle due cose insieme. Il 15 ottobre lasciammo Abu Haggag e ci ritirammo a Bu Amud, vicino Tobruk. L'offensiva inglese di El Alamein era vicina e facilmente prevedibile ed era vitale disporre di una seconda schiera. Bu Amud aveva una discreta attrezzatura logistica, ricavata da quanto si era potuto trovare a Tobruk, abbandonata dall'8a armata nel giugno. Cominciammo a scortare i convogli in arrivo, anche a notevole distanza dalla costa, al limite di autonomia. Il 26 ottobre "beccai", con gregari Moressi e Pisano, un "Maryland" a bassa quota, appena fuori del porto. Si difendeva come un leone.

Il combattimento si spostò nei cumuli soprastanti e mi trovai solo con lui. Con una raffica lo colpii a morte nel motore destro. Si mise a "battere le ali" in segno di resa, dirigendosi verso la costa. Mi misi in formazione con lui: fu allora che il mitragliere dalla torretta mi indirizzò a bruciapelo una raffica che mi mancò per un capello. Sparai ancora, fino a quando lo vidi precipitare come una torcia.

La ritirata aveva preso una brutta piega: il 5 novembre eravamo a Bengasi, nuovamente a K-3; Tobruk era stata abbandonata. Proteggevamo Bengasi come potevamo dai bombardieri inglesi.

Facemmo diversi combattimenti, ma quelli ormai avevano i primi "Liberator". Ci spostammo a Nufilia, nel golfo della Sirte, il 15 novembre e il 21 a Marsa el Auegia.

Lì iniziammo ad attaccare le colonne inglesi con le bombe alari: gli attacchi erano stati montati già ad Abu Haggag da una squadra di tecnici dell'armamento guidata dall'allora capitano ingegnere Carlo Cao. Li avevamo maltrattati, noi "cacciatori puri". Ma loro, duri, gli attacchi per le bombe ce li avevano messi lo stesso. E ora venivano buoni.

Ogni giorno l'8° gruppo, ormai decimato negli uomini e nei mezzi, decollava e giù a tuffo nel deserto contro le forze corazzate inglesi che avanzavano. Erano azioni senza respiro: giù da 5.000 metri, in picchiata verticale, fra la contraerea che sparava all'impazzata, nella terribile fornace da cui tanti non tornavano. E poi, voli a lunga autonomia nel deserto a portare un saluto dall'alto ai nostri presidi isolati e votati al sacrificio. Moressi ed io volammo sino a Marada, un'oasi sperduta nella Sirte. Quasi ottocento chilometri di deserto fra andata e ritorno, oltre qualsiasi immaginabile autonomia del Macchi 200. Atterrando poi con cinque minuti di benzina: giusto per non rompersi il collo appena fuori dell'aeroporto.

E il 1° dicembre l'8° gruppo fece l'ultima azione prima del rimpatrio. Riuscimmo a rimediare in tutto cinque Macchi 200.

Li caricammo con le due bombe alari e con i nastri delle mitragliatrici e andammo via in un caldo d'inferno. Girammo al largo sul mare e ci tuffammo sulle posizioni inglesi verso Agheila. Incredibilmente, la contraerea sparò solo all'ultimo momento e smise immediatamente dopo che eravamo entrati in rotta di scampo dopo lo sgancio e il mitragliamento. Infatti, dodici "Spitfire" ci piombarono in testa. Eravamo più bassi e più lenti di loro. Accettammo il disperato combattimento. Precipitarono in fiamme uno Spitfire e due Macchi 200. Monti non lo trovammo più; Calsolaro, gravemente ferito, raggiunse la costa a nuoto. Sansone, Lancia ed io rientrammo delusi, amareggiati, tristissimi per non aver potuto fare di più, forse con il senso di colpa di non esserci anche noi sacrificati con gli altri. Il 10 dicembre, da Misurata ormai investita dagli inglesi, senza più aeroplani, i superstiti dell'8° gruppo caccia rientrarono a Catania con una formazione di S.82 mandata a recuperarli. I fatti e gli episodi che ho brevemente descritto, i particolari che sono accaduti a me ma che rappresentano quelli di tutti gli altri, ebbero come denominatore comune il senso assoluto del dovere, lo spirito di sacrificio senza limiti. Mario Bacich fu sempre in testa, nelle azioni più rischiose, in quelle più defatiganti, nei momenti di maggior impegno. Ognuno di noi trovò in lui, nella sua fermezza di carattere (che si rivelava talvolta in forme esplosive) la forza necessaria a superare sacrifici, amarezze, fatiche, dolori, rimpianti e paure. Umanissime paure, alla vista degli amici più cari morti: e se domani toccasse a me?

Non toccò a me, perché forse un altro cadde al mio posto: queste poche righe, queste lacrime che mi rigano il volto, sono per te, amico pilota sconosciuto, che ormai voli per sempre, eternamente giovane, nel cielo purissimo degli angeli e degli eroi.

Tenente Costantino Petrosellini 8° Gruppo Caccia

Macchi M.C. 202

Il Macchi M.C. 202 Folgore fu il miglior aereo da caccia italiano messo in campo dalla Regia Aeronautica in un numero significativo di esemplari durante la seconda guerra mondiale. L'aereo dimostrava che l'Italia era senz'altro in grado di progettare e costruire aerei di alta classe.

Il Macchi M.C.202 Folgore era un aereo monomotore, monoposto, ad ala bassa progettato dalla italiana Aeronautica Macchi e prodotto anche dalla Breda di Sesto S. Giovanni e dalla S.A.I. Ambrosini di Passignano nel 1941-1943.

Impiegato nella seconda guerra mondiale dalla Regia Aeronautica, conservava dal suo predecessore, il M.C. 200 Saetta, le ali e la coda ma la fusoliera, molto elegante e aerodinamica, era del tutto nuova e, soprattutto, era equipaggiato con il più potente motore tedesco Daimler-Benz DB601A, utilizzato per il Messerschmitt Bf 109E e F, in seguito costruito su licenza dall'Alfa Romeo come RA 1000 RC41-1 presso il nuovo stabilimento di Pomigliano d'Arco, all'epoca in fase di ultimazione.

Il 10 agosto del 1940, il pilota di test Guido Carestiato decollò con il prototipo e salì a un'altitudine di 6.000 metri in meno di 6 minuti, con una velocità di volo orizzontale di 600 Km/h.

Le elevate prestazioni di cui era capace il Macchi,M.C. 202, oltre a renderlo superiore come caccia all'Hawker Hurricane e al Curtiss P-40, ne facevano un ottimo intercettore: grazie alla sua velocità di salita l'M.C. 202 era in grado di mettere in seria difficoltà le unità di bombardieri alleate che operavano nei cieli del Mediterraneo.

Allo scopo di accelerare la produzione dei nuovi apparecchi, la fabbricazione fu affidata a tre diverse imprese: la Macchi, la Breda, e la SAI Ambrosini.

Tra il maggio del 1941 e il settembre del 1943, data della resa italiana, vennero fabbricati circa 1.150 esemplari di questo aereo, suddivisi in quindici serie, ciascuna delle quali introduceva cambiamenti e migliorie rispetto alla serie precedente.

Ad esempio:

- L'M.C. 202 serie VII fu il primo a introdurre la blindatura sulla cabina e due mitragliatrici alari da 7,7 mm in aggiunta alle due mitragliatrici da 12,7 mm alloggiate sulla copertura del motore, già presenti nelle serie precedenti.

- L'M.C.202 serie XI, denominato anche M.C. 202CB (Caccia Bombardiere), era dotato di supporti subalari che consentivano di armarlo con bombe o di montare serbatoi di combustibile ausiliari.

Tutti i Folgore che combatterono sul fronte Nord africano, conosciuti con il nome generico di M.C. 202AS (Africa Settentrionale), erano provvisti inoltre di filtri speciali contro la sabbia del deserto. Il Macchi M.C. 202 Folgore è stato il migliore caccia della Regia Aeronautica nel corso della seconda guerra mondiale, anche se il suo armamento restò sempre insufficiente rispetto alla robustezza, alla potenza e alle ottime qualità di volo di cui era dotato. Nel tentativo di rimediare a questa lacuna, all'inizio del 1943 prese servizio il suo successore, il Macchi M.C. 205 "Veltro": il nuovo aereo montava un motore Fiat Ra. 1050 RC-58, la versione italiana del Daimler-Benz DB-605, e sostituiva le mitragliatrici alari con due cannoncini Mauser MG151/20 da 20 mm.

Uno dei più bei caccia dell'Asse, il Folgore era anche un efficiente e mortale cacciatore.

Un grande estimatore del Macchi M.C. 202, il maggiore Asso Australiano Clive Caldwell, sostenne che il Folgore sarebbe stato migliore anche del Messerschmitt Bf 109, se solo fosse stato maggiormente armato. Il caccia dimostrò di avere ottime caratteristiche di velocità e manovrabilità ed era armato con due mitragliatrici da 12,7 mm, cui potevano essere aggiunte, a richiesta e con riduzione della velocità massima e maneggevolezza, due mitragliatrici da 7,7 mm alari.

Un'altra delle sue caratteristiche positive era la sua costruzione estremamente robusta che permetteva ai suoi piloti di potersi lanciare in ripidissime picchiate con il loro apparecchio.

Il Macchi M.C. 202 è stato utilizzato negli squadroni:

- 151ª Squadriglia.
- 20° Gruppo.
- 51° Stormo della Regia Aeronautica.

Il C.202, anche se conserva inizialmente l'ala del C.200, è sostanzialmente una macchina nuova che dimostra subito come la linea caccia della Regia Aeronautica può finalmente fruire di un salto di qualità per allinearsi sia ai velivoli avversari sia a quelli alleati.

Il prototipo dell'M.C. 202 vola a Lonate Pozzolo il 10 agosto 1940 pilotato da Guido Carestiato. Il nuovo aereo si avvantaggia della maggior potenza disponibile (1.175 hp), della migliorata finezza aerodinamica della fusoliera e di un abitacolo chiuso con capottina ribaltabile verso destra. L'incremento di velocità è notevole perché il C.202 arriva a 596 km/h a 6.000 metri, quota che è in grado di raggiungere in 6 minuti e 26 secondi, prestazioni di tutto rispetto accoppiate a un'ottima manovrabilità.

Battezzato "Folgore", il nuovo caccia Aer.Macchi è inizialmente dotato di motore DB 601 A-1 di costruzione tedesca, in seguito realizzato su licenza dall'Alfa Romeo come RA 1000 RC.41 presso il nuovo stabilimento di Pomigliano d'Arco (Na), all'epoca in fase di ultimazione.

Otto mesi dopo la firma del contratto, il primo M.C.202 di serie lascia la linea di montaggio mentre il prototipo sta completando le prove di valutazione svoltesi prima a Guidonia e poi a Furbara (prove di tiro) con risultati altamente positivi. Sulle caratteristiche di volo di quest'aeroplano vi è completa e indiscussa unanimità di consensi: il "vero caccia sano, sicuro, senza sorprese" come lo definiva Carestiato che ha collaudato tutti i caccia Macchi e anche l'accoglienza presso i reparti fu favorevole.

Storia

La stessa Commissione di Valutazione della Regia Aeronautica che ebbe l'incarico di valutare gli aerei da caccia della cosiddetta "prima generazione" (Macchi C.200, Fiat G.50, Reggiane Re.2000, Caproni Vizzola F.5), nella sua relazione finale del settembre 1939, affermava di ritenere indispensabile, per la generazione successiva, l'adozione di motori in linea raffreddati a liquido, in modo da ridurre la sezione frontale degli aerei e aumentarne le prestazioni. Data l'incapacità manifesta dell'industria italiana di progettare una nuova generazione, modernamente concepita, di motori in linea, si decise di puntare ancora su propulsori prodotti su licenza, in particolare il Daimler Benz DB 601, di cui l'Alfa Romeo acquisì la licenza di costruzione nel novembre del 1939.

L'ingegner Mario Castoldi, progettista del Macchi M.C. 200 e dei famosi aeroplani da competizione della Coppa Schneider, modificò il suo aereo, principalmente per quanto riguarda la fusoliera, per poter installare il nuovo motore. Il risultato fu un aereo completamente nuovo che venne portato in volo per la prima volta già nell'estate del 1940. Il prototipo dell'M.C. 202 volò a Lonate Pozzolo il 10 agosto 1940 impiegando il motore tedesco Daimler Benz DB 601 a 12 cilindri a V raffreddati a liquido, pilotato da Guido Carestiato.

Il nuovo aereo si avvantaggiava della maggior potenza disponibile, 1.175 hp, della migliorata finezza aerodinamica della fusoliera e di un abitacolo chiuso con capottina ribaltabile verso destra. L'incremento di velocità era notevole perché il C.202 arriva a 596 km/h a 6.000 metri, quota che era in grado di raggiungere in 6 minuti e 26 secondi, prestazioni di tutto rispetto accoppiate a un'ottima manovrabilità.

Battezzato "Folgore", il nuovo velivolo fu accolto con grande favore dal Ministero dell'Aeronautica; venne subito ordinato in serie ma venne anche avviato un importante programma di produzione su licenza che coinvolse pure la Breda a Sesto S. Giovanni e la SAI Ambrosini a Passignano sul Trasimeno, con distinte linee di produzione.

Otto mesi dopo la firma del contratto il primo M.C. 202 di serie lascia la linea di montaggio mentre il prototipo stava completando le prove di valutazione svoltesi prima a Guidonia e poi a Furbara, con risultati altamente positivi. Sulle caratteristiche di volo di quest'aeroplano vi è completa e indiscussa unanimità di consensi e anche l'accoglienza presso i reparti fu favorevole.

L'adozione dei filtri antisabbia sulla presa d'aria del compressore per l'impiego in ambiente desertico è una delle poche modifiche apportate sul Folgore durante tutta la sua carriera, mentre l'altra fu l'adozione del blindo vetro sul parabrezza.

Dal maggio del 1942 vengono montate due mitragliatrici alari da 7,7 mm, per le quali viene standardizzata la predisposizione: ma data la scarsa efficacia si preferisce poi farne a meno e ben pochi esemplari ne verranno effettivamente dotati.

L'armamento del caccia Macchi subisce un'altra sola variazione sul velivolo M.M. 91974 nella primavera 1943, con l'installazione di due cannoni Mauser da 20 mm in gondole subalari; ma l'aumento di peso e di resistenza aerodinamica causato da questa aggiunta penalizza eccessivamente l'aereo e, quindi, questa soluzione verrà abbandonata.

La dotazione del 4° Stormo (31 velivoli) ha inizio in giugno e viene completata a settembre: i primi esemplari sono in carico alla 97a Squadriglia del 9° Gruppo al comando del capitano Antonio Larsimont Pergameni, che rimane a lungo con i suoi piloti e i suoi specialisti a Lonate Pozzolo per l'addestramento e la messa a punto operativa che comporta, tra l'altro, circa 100 modifiche di dettaglio, tuttavia, senza grandi problemi; tra l'altro viene affrontato per la prima volta l'uso di benzine antidetonanti ad alto numero di ottani.

Anche il 17° Gruppo del 1° Stormo viene dotato dei nuovi caccia Macchi e a Caselle Torinese arrivano anche i velivoli destinati all'8° Gruppo del 2° Stormo ma questi, con grande delusione dei piloti, vengono subito dirottati al 1° Stormo a Campoformido (17° Gruppo).

Il battesimo del fuoco in Africa settentrionale è a opera del 9° Gruppo del 4° Stormo (26 novembre), ma il primo combattimento in assoluto è avvenuto nel canale di Sicilia il 30 settembre; al sottotenente Jacopo Frigerio della 96a Squadriglia viene attribuito l'abbattimento di un Hurricane. Il 9° Gruppo è schierato a Martuba con le due sole squadriglie rimastegli. Il primo combattimento tra dieci Folgore e una grossa formazione di Hurricane e Curtiss P-40 si risolve a nostro favore con l'abbattimento di almeno otto aerei avversari. Finalmente i caccia della Regia Aeronautica cominciano a volare con una macchina che, perlomeno, in quanto a prestazioni, è comparabile agli avversari. In combattimento il Folgore avrebbe addirittura surclassato i migliori caccia inglesi presenti sui nostri fronti nel 1941, gli Hurricane, i Fulmar delle portaerei e anche i P-40.

Anche l'armamento, spesso considerato il loro punto debole, si rivela nel primo periodo all'altezza delle macchine inglesi: queste contano su otto mitragliatrici da 7,7 mm, ma il calibro inferiore ne riduce capacità distruttiva e gittata. Per l'aviazione italo-tedesca la battaglia di El Alamein comincia il 9 ottobre 1942; in quel giorno la RAF effettua oltre 500 sortite con violente azioni di bombardamento e numerosi attacchi al suolo sugli aeroporti avanzati della zona di El Daba e Fuka, resi quasi inservibili dalle recenti pioggie; alla fine delle giornata gli inglesi affermano di aver distrutto al suolo almeno 50 velivoli, mentre le loro perdite ammontano a 38 aerei, 10 dei quali abbattuti dalla caccia italiana.

Altro attacco in massa il giorno 20, diretto principalmente contro Abu Hagag e Fuka, rispettivamente sedi del 3° e 4° Stormo: gli italiani e i tedeschi abbattono 11 velivoli ma ne perdono altrettanti, più due aerei distrutti e una ventina danneggiati al suolo. Dopo una pausa di relativa calma l'offensiva inglese riprende il 22 con attacchi sui campi di Fuka, Abu Nimeir, Abu Hagag e altri 27 combattimenti proseguono fino al 31 ottobre.
I nostri gruppi da caccia infliggono notevoli perdite. Infine, ai primi di dicembre, il solo 9° Gruppo del 4° passa alla difesa del porto di Tobruk e dopo la caduta della città restano in Africa soltanto i C.202 del 3° Stormo.
I Folgore del reparto si postano in quel periodo su altri campi con una sezione del 18° Gruppo a En Nofilia poi a Uadi Tamet e la 70a Squadriglia a Castel

Benito per operare in difesa di Tripoli. Dopo la caduta della città (23 gennaio 1943) rimangono in Africa i soli C.202 del 3° Stormo.

L'efficacia dei Macchi 202 sul fronte africano si è consumata progressivamente non per la macchina in sé ma soprattutto per la carenza di personale e per le scarse scorte di carburante e di parti di ricambio. Da gennaio a dicembre 1942 i reparti da caccia italiani effettuano ben 23.555 missioni, il 30% delle quali sono da attribuire ai Macchi M.C. 202. Con lo sbarco anglo-americano in Marocco e Algeria, all'inizio di novembre 1942 affluiscono in Sardegna i 202 del 53° Gruppo autonomo e del 17° Gruppo (1° Stormo) rispettivamente 24 e 23 esemplari.

Insieme ai RE 2001, i caccia Macchi attaccano obiettivi militari nelle zone di Bona e Bougie.

Occupata la Tunisia, i velivoli del 153° Gruppo si trasferiscono a El Alouina nei pressi di Tunisi; nel febbraio 1943 i reparti Folgore in Nord Africa comprendono il 6° Stormo (79a e 81a squadriglia) a Sfax, il 3° Stormo a El Hamma e il 16° Gruppo (54° Stormo) su K34 e K41; in totale sono presenti in Tunisia 55 M.C. 202, ripartiti su dodici squadriglie.

In questo periodo il Folgore affronta i primi combattimenti con i caccia della 12th Air Force dell'USAAF e in particolare il caccia italiano deve scontrarsi con i P-38 Lightning del 1° e 14° Fighter Group, i P-39 Airacobra dell'81° e 351° Fighter Group e gli Spitfire del 31° e 54° Fighter Group.

In più occasioni il 202 riesce a far fronte al micidiale Lightning, per il suo minore raggio di virata, mentre può anche avere la meglio sugli Airacobra. In ogni caso risulta evidente lo scarso armamento del caccia italiano. Ricordiamo l'impiego del Folgore nella controffensiva italo-tedesca a Medenine che frena per qualche tempo lo slancio anglo-americano.

In marzo i 202 sostengono 21 combattimenti durante i quali riescono ad abbattere diversi Spitfire, un P-40 e un P-38. L'ultimo volo del caccia Macchi prima dell'armistizio è quello sostenuto da alcuni aerei del 3° Stormo, al comando del Tenente Solaroli, cui si unisce quello pilotato da Adriano Mantelli, assegnato al comando di un Gruppo del 51° Stormo in Sardegna e di passaggio a Foligno, decollati su allarme per intercettare i B-24 che l'8 settembre effettuano un pesante bombardamento su Frascati.

Gli M.C. 202 costruiti dalla Breda dopo l'armistizio vengono requisiti e impiegati dalla Luftwaffe come addestratori avanzati e per la formazione degli istruttori nelle scuole di Orange in Francia e di Garz nel Mar Baltico.

Altri M.C. 202 (almeno dodici) vengono ritirati da equipaggi della Legione Croata a Sesto S. Giovanni all'inizio del 1944 e inseriti nell'11° Squadrone di stanza a Kurilovek.

Tecnica

La cellula del M.C.202 si distingueva da quella del M.C.200 per la forma della fusoliera, nel "Folgore" più affusolata e priva della famosa "gobba" del "Saetta".

La fusoliera era del tipo a guscio di sezione ovale.

La strutture era interamente metallica, ed era composta di quattro longheroni in lastra di duralluminio sagomata e da correntini in duralluminio tenuti da ordinate pure in lamiera duralluminio stampata. La copertura era in superavional chiodata alle strutture della fusoliera in modo da formare un insieme resistentissimo. Sulla parte anteriore delle fusoliera si trovavano i quattro attacchi per il castello motore. Due di questi attacchi, quelli superiori, si trovavano sull'ordinata in corrispondenza ai longheroni superiori della fusoliera e i due inferiori sul longherone del piano centrale delle ali. Alle due estremità dei longheroni del piano centrale erano previsti gli attacchi a incastro per le due mezze ali.

Fra i due longheroni del piano centrale era sistemato il serbatoio principale delle benzina; sopra il serbatoio principale erano installate le mitragliatrici, le scatole per le cariche e le scatole raccogli bossoli e maglioni. Due sportelli apribili nella parte superiore della fusoliera permettevano la manutenzione delle armi. L'abitacolo era nuovamente chiuso con l'apertura che avveniva per ribaltamento laterale del tettuccio, incernierato sul fianco destro, procedimento che ricorda il sistema usato su alcuni alianti dell'epoca. Subito dietro la cabina di pilotaggio erano sistemati il serbatoio supplementare della benzina, la bombola dell'aria compressa, l'accumulatore del carrello e l'accumulatore delle alette ipersostentatrici.

Nella parte posteriore della fusoliera erano sistemati i supporti per il complesso rice-trasmittente, per il survoltore, per il modulatore e il radiogoniometro. L'ala era monoplana a sbalzo, profilo biconvesso, di spessore e profondità decrescente verso il margine esterno e, quindi, non causava quegli stalli ad alta velocità cui andò soggetto inizialmente il Macchi M.C.200.

Era divisa in tre parti, una centrale e due laterali facilmente smontabili. La costruzione era interamente in metallo.

Nelle due semiali, la sinistra aveva apertura e superficie leggermente superiori a quelle della destra per compensare la coppia di reazione dell'elica. Gli attacchi di collegamento, fissati alle estremità dei longheroni, erano a cerniera in acciaio di alta resistenza; sui due longheroni si trovavano i supporti dell'albero di rotazione del carrello. Tale albero era, quindi, montato nell'ala, mentre il martinetto di sollevamento faceva parte del piano centrale della fusoliera.

Le centine nella parte centrale fra i due longheroni erano costruite con profilati di duralluminio collegati fra di loro con piastrine rivettate. Le due prime centine erano speciali essendo più larghe e più robuste delle altre. La copertura dell'ala era in lastra di superavional, chiodata alle centine e ai longheroni. Il bordo d'entrata dell'ala era smontabile a partire dal carrello fino all'estremità. Le ali erano munite di ipersostentatori che dalla fusoliera andavano fino a metà ala circa; erano costruiti in metallo, centine e contorni in duralluminio, longheroni in tubo di acciaio, la copertura, invece, era di superavional.

La costruzione degli alettoni era completamente in metallo, con centine in profilato di duralluminio collegate fra di loro come nelle centine delle ali da piastrine rivettate. Il longherone è in tubo diviso in tre parti collegate con snodi di acciaio con cuscinetti a sfere. La copertura è in tela.

Alla radice dell'ala sinistra poteva essere montata una cinepresa FM-62. Gli impennaggi erano costituiti da:

- Uno stabilizzatore costruito completamente in metallo composto da: due longheroni in tubo ad alta resistenza, centine in duralluminio, bordo e contorno in duralluminio con riempimento di legno, rivestimento in lamiera di duralluminio. L'incidenza dello stabilizzatore era regolabile in volo.

- Un equilibratore costruito in due metà smontabili assieme. L'asse principale è in tubo di acciaio sul quale sono fissate le centine di duralluminio.

- Una deriva costruita completamente in metallo composta da: due longheroni in tubo d'acciaio ad alta resistenza, centine in duralluminio, bordo anteriore e rivestimento in duralluminio. Sul longherone posteriore erano fissate le cerniere del timone di profondità.

- Un timone di direzione costruito in metallo.

- Un regolatore di assetto longitudinale posto a sinistra del pilota contro il fianco della fusoliera. Era composto di un volantino che portava un tamburo sul quale era avvolto un cavo senza fine.

Il carrello aveva le due gambe, munite di ammortizzatori oleopneumatici, retrattili nel ventre dell'ala con rotazione verso l'interno.

Il ruotino di coda era fisso e a volte parzialmente carenato.

Il posto di pilotaggio, di dimensioni piuttosto ridotte, era aerato, riscaldato e provvisto di impianto ossigeno; inoltre, era munito di seggiolino regolabile protetto da una corazzatura dorsale sagomata di 44 kg e con un pilone di protezione anti cappottata nella carenatura del poggiatesta.

Il serbatoio principale di carburante si trovava nella fusoliera (270 litri), tra la paratia antifiamma e il posto di pilotaggio; altri serbatoi erano nella sezione centrale dell'ala, da 40 litri ciascuno e uno di riserva da 80 dietro il seggiolino del pilota, tutti ricoperti da trattamento autosigillante. I serbatoi erano costruiti in lastra di duralluminio, rinforzati con diaframmi interni ed erano protetti da un rivestimento speciale contro i tiri delle armi di calibro 12,7 mm. Il serbatoio dell'olio aveva la capacità di 36 litri ed era costruito in lastra di duralluminio rinforzato internamente con diaframmi forati. Sui primi esemplari di M.C. 202 vennero montati motori DB 601A-1 originali a dodici cilindri a V invertito a iniezione da 1.175 hp. L'elica tripala metallica con passo variabile in volo e velocità costante era la Piaggio P1001, dal diametro di 3,05 metri.

Il raffreddamento del liquido refrigerante era affidato a un radiatore ventrale intubato all'altezza del posto di pilotaggio, mentre il radiatore del lubrificante era posto sotto al motore.

Esaurita la fornitura di 419 propulsori tedeschi, dal 1941 furono installati quelli assemblati dall'Alfa Romeo di Pomigliano d'Arco con parti e componenti forniti dalla Germania. In seguito nel 1942 entrò in produzione il RA 1000 RC.41-1.

L'impianto elettrico provvedeva anche al riscaldamento delle armi, del tubo Venturi e del tubo di pitot, all'avviamento del motore (provvisto anche di avviatore a manovella) e al comando (elettromeccanico) del passo dell'elica.

L'armamento del Macchi M.C.202 era composto da due mitragliatrici Breda SAFAT da 12,7 mm (con 400 colpi) sincronizzate, una con alimentazione destra e l'altra con alimentazione sinistra complete di cilindri per riarmo pneumatico. Erano disposte anteriormente, fisse e parallele alla mezzaria del velivolo e attaccate su supporti situati longitudinalmente e orientabili tanto verticalmente che orizzontalmente.

Questi supporti erano attaccati all'ordinata 0 e su una traversa in corrispondenza all'ordinata 3; su ogni supporto era montato un ammortizzatore a doppio effetto e regolabile, per consentire il rinculo dell'arma. Il tiro delle armi era sincronizzato con il moto dell'elica e passava appena sopra al motore.

Le mitragliatrici da 7,7 mm nelle ali erano montate una per parte ed erano situate in un apposito vano fra le centine 7 e 8, subito dopo l'asse di rotazione del carrello. L'alimentazione era una a destra e una e sinistra.

Ogni arma era dotata di 500 colpi.

La manopola di sparo portava le seguenti indicazioni scritte:

- "A" - sparo delle armi alari da 7,7 mm.
- "C" - sparo delle armi centrali da 12,7 mm.
- "Tutte" - sparo di tutte e quattro le mitragliatrici.

Le armi si potevano collimare sia lateralmente sia verticalmente a mezzo di appositi registri.

Rispetto ai precedenti caccia dotati di motore radiale, il Folgore aveva migliore velocità di salita (salita a 6.000 metri in 5 minuti e 55 secondi) ed era in grado di picchiare a oltre 900 km/h.

I controlli risultavano leggeri, ben bilanciati e pronti alla risposta. Nonostante la grande potenza dei loro motori V12, gli M.C.202 non imbardavano da un lato in accelerazione durante il decollo perché, come per i M.C.200, le loro ali sinistre erano più lunghe di 21 centimetri di quelle destre: l'ala più lunga generava più portanza e così compensava quella che sarebbe stata la normale tendenza di imbardare verso sinistra. La capacità di competere con gli Hurricane, i P-40 di fornitura americana e gli Spitfire V nei primi combattimenti, sul Deserto Occidentale, costituì una sorpresa per i piloti della RAF e divenne un temibile avversario grazie anche all'addestramento dei piloti italiani nel volo acrobatico. Molti dei piloti da caccia italiani incontrati dalle forze aeree della RAF e del Commonwealth erano abili e molto esperti, avendo combattuto nella guerra civile in Spagna; se attaccati, anche da forze preponderanti, non si sottraevano al combattimento, anche in situazioni in cui i tedeschi avrebbero preferito allontanarsi rapidamente.

Queste tattiche non necessariamente erano da considerarsi positive: i reparti tendevano a logorarsi, l'addestramento al volo acrobatico era enfatizzato troppo rispetto a quello per le tattiche di combattimento e il tiro a segno, le formazioni di volo erano primitive, anche se alcuni reparti adottarono autonomamente la disciplina di volo a doppia coppia tedesca (detti doppia Rotte, Schwarm, quattro dita), in luogo della coppia singola o del terzetto. Inoltre, la quantità dei velivoli Italiani (e Tedeschi) in condizioni di volare diminuiva fermamente in quanto la produzione rimase sempre insufficiente a ripianare le perdite; allo scopo di accelerare la produzione dei nuovi apparecchi, la fabbricazione fu affidata a tre diverse imprese: la Macchi, la Breda e la Società Aeronautica Italiana Ambrosini.

Per rispondere, almeno in parte, alle aspettative di un maggior volume di fuoco da parte di molti piloti italiani la Macchi, a partire dalla IV serie, installò due mitragliatrici Breda-SAFAT aggiuntive, da 7,7 mm, nelle ali; tuttavia, queste armi di calibro ridotto, si rivelarono poco efficaci, tanto che molti piloti preferivano smontarle per ridurre anche se solo di poche decine di chili il peso nelle ali e poter contare su una migliore maneggevolezza.

Dal "Folgore" derivò direttamente il Macchi M.C. 205 "Veltro", che differiva dal 202 soltanto per l'adozione del più potente motore Daimler-Benz DB 605 da 1.475 hp, un'elica di maggior diametro e di due radiatori tubolari per l'olio, sotto il muso.

Il DB 601 è predisposto per installare anche il cannone Mauser da 20 mm sparante attraverso il mozzo, ma sul 202 non risulta possibile il montaggio dell'arma perché la culatta dell'arma avrebbe occupato spazio vitale nell'abitacolo e mutato in modo inaccettabile la distribuzione dei pesi.

Un altro esperimento alla fine del 1941 riguarda il montaggio del radiatore direttamente sotto al motore: questa modifica viene introdotta nell'esemplare M.M. 7768 che assume la denominazione MC 202D.

La nuova installazione avrebbe potuto facilitare la manutenzione e consentito di semplificare l'impianto di raffreddamento, eliminando lunghe e vulnerabili tubazioni, oltre a consentire l'installazione di carichi esterni ventrali, ma ciò comporta un notevole incremento di resistenza aerodinamica, così l'esperimento non ha seguito.

I primi esemplari di Folgore si distinguono anche per il filo dell'antenna radio, solo ricevente sui primi lotti, che parte da una minuscola asta posta a metà del dorso della parte metallica della capottina, mentre sui successivi velivoli si passa a un supporto più grande e più alto, posto vicino al tettuccio, con radio ricetrasmittente. Anche il tubo Venturi viene spostato, nelle ultime serie, dalla posizione ventrale al fianco destro. Gli ultimi esemplari sono, altresì, riconoscibili per la piccola presa d'aria posta subito davanti al parabrezza.

Altri C.202 sono realizzati anche in versione da fotoricognizione, con una macchina da presa fotoplanimetrica posta nella fusoliera in sostituzione della radio; questi esemplari sono, quindi, distinguibili esternamente solo per la mancanza dell'antenna.

Altri sette esemplari sono modificati dall'Aermacchi con l'installazione sul bordo d'attacco alare di cineprese Avia (distribuiti in vari stormi). Altre piccole differenze sono rilevabili nella presenza e nella forma della carenatura del ruotino dì coda e altre nella forma del copri gamba del carrello principale.

Nel corso della sua vita produttiva, il C.202 ha subito 116 modifiche tecniche; molte di queste si riferivano a dettagli marginali (il diametro di alcuni bulloni o il rinforzo di una chiodatura), mentre alcune rivestivano un'importanza maggiore (applicazione blindovetro, installazione armi alari, stabilizzatore con equilibratore compensato). Ciascuna modifica veniva formalizzata su un apposito "Modulo di Proposta" che descriveva con precisione gli interventi da effettuare e trovava applicazione dopo l'approvazione del progettista.

È interessante sottolineare due punti:

- Le modifiche erano classificate secondo tre categorie: A, B e C.
  - ✓ Quelle di tipo A erano da installare, oltre che su tutti gli esemplari di nuova produzione, anche su quelli già in servizio, a opera del personale delle ditte costruttrici.

✓ Quelle di tipo B, oltre che sui velivoli nuovi erano da installare anche sui precedenti in occasione di riparazioni e revisioni.

✓ Quelle di tipo C non si applicavano retroattivamente.

Ad esempio, la modifica n. 74 "Applicazione blindovetro al parabrezza" era di tipo A, la n. 65 "Scatola di raffreddamento pompa benzina" era di tipo B, mentre la n. 60 "Carrellino" di tipo D era classificata C.

- L'applicazione delle modifiche non coincideva quasi mai con l'inizio di una nuova Serie; in realtà le varie Serie distinguevano le successive commesse produttive, mentre non segnalavano l'introduzione di particolari cambiamenti costruttivi o di allestimento: in pratica avevano un significato più amministrativo che tecnico.

Il "Modulo di Proposta" indicava, di volta in volta, la Matricola Militare a partire dalla quale la modifica andava installata, dando disposizioni specifiche a ognuna della tre case produttrici: Macchi, Breda e SAI Ambrosini.

Dal punto di vista costruttivo non c'erano, infatti, differenze tra gli esemplari delle tre ditte: solo la finitura mimetica, interpretata in modo leggermente diverso dai verniciatori di Varese, Sesto S.Giovanni e Passignano sul Trasimeno, ne consentiva, a colpo d'occhio, l'identificazione.

Al contrario, ogni sforzo era compiuto per assicurare una perfetta intercambiabilità tra i componenti; a questo scopo erano contrattualmente previsti degli esemplari, denominati "Arlecchini", frutto del montaggio di parti provenienti da differenti catene di montaggio. E' noto un solo "Arlecchino" Macchi-Breda (MM 9415); di altri, se ci sono stati (era previsto anche un "Arlecchino" triplo Macchi-Breda-SAI) non è rimasta traccia documentale.

Produzione

- MM. 445: prototipo (costruzione Macchi).

- MM. 7709-7858: 150 esemplari Macchi della Serie II e III - maggio 1941-aprile 1942.

- MM. 7409-7458: 50 esemplari Ambrosini della serie IV - novembre 1941-maggio 1942.

- MM. 7859-7958: 100 esemplari Breda della Serie I - luglio 1941-marzo 1942.

- MM. 7959-8008: 50 esemplari Ambrosini della Serie V - maggio-luglio 1942.

- MM. 8339-8388: 50 esemplari Breda della Serie IV - marzo-luglio 1942.

- MM. 9025-9124: 100 esemplari Macchi della Serie VII - aprile-luglio 1942.

- MM. 9389-9488: 100 esemplari Macchi della Serie IX - settembre 1941-febbraio 1942.

- MM. 9500-9599: 100 esemplari Breda della Serie X - luglio-settembre 1942.

- MM. 6560-6609: 50 esemplari Breda della Serie XI - novembre 1942-aprile 1943.

- MM. 9602-9751: 150 esemplari Breda della Serie XI - novembre 1942-aprile 1943.

- MM. 91803-91952: 150 esemplari Breda della Serie XII - maggio-agosto 1943.

- MM. 91953-92007: 55 esemplari Macchi della Serie XIII - aprile-agosto 1943.

- MM. 92003-92052: 50 esemplari Ambrosini (non prodotti) della Serie XIV.

- MM. 92053-92152: 100 esemplari Breda (lavorazione interrotta) della Serie XV.

- MM. 95950-96099: 150 esemplari Breda (non prodotti) della Serie XVI.

Caratteristiche tecniche

Dimensioni e pesi

- Lunghezza: 8,85 metri
- Apertura alare: 10,58 metri (ala sinistra più lunga di 21 cm, per compensare tendenza a imbardata a sinistra dovuta alla coppia dell'elica)
- Altezza: 3,04 metri
- Superficie alare: 16,80 m^2
- Carico alare: 174,2 kg/m^2
- Peso a vuoto: 2.350 kg
- Peso massimo al decollo: 2.930 kg
- Capacità combustibile: 250 kg
- Equipaggio: 1
- Esemplari: 1.106

Propulsione

- Motore: DB 601A-1 originale a dodici cilindri a V invertito; successivamente (su licenza) Alfa Romeo 1000 RC41-1 Monsone
- Potenza:
  - ✓ 1.175 hp (864 kW) al decollo a 2.500 giri
  - ✓ 1.100 hp a 3.700 metri a 2.400 giri
  - ✓ 1.000 hp a 4.500 metri a 2.400 giri

Prestazioni

- Metri al decollo: 253
- Metri per atterraggio: 235
- Autonomia: 765 km
- Tangenza: 11.500 metri

- Velocità massima: 599 km/h a 5.600 metri
- Velocità di crociera: 490 km/h
- Velocità di stallo: 143 km/h
- Velocità di salita:
  - ✓ a 1.000 metri - 0,39
  - ✓ a 2.000 metri - 1,28
  - ✓ a 3.000 metri - 2,28
  - ✓ a 4.000 metri - 3,32

✓ a 5.000 metri - 4,40
✓ a 6.000 metri - 5,55

Armamento

- Mitragliatrici: due Breda-SAFAT calibro 12,7 mm con 400 cartucce per arma; dalla IV serie, altre due mitragliatrici calibro 7,7 mm, alari, con 500 cartucce per arma.

- Bombe: piloni nella versione CB (cacciabombardiere) con possibilità installazione di due travetti sub-alari per trasporto di ordigni fino a un massimo di 160 kg per travetto.

- Cannoni: due cannoni Mauser MG 151/20, calibro 20 mm, con 200 colpi per arma.

Motore Alfa Romeo RA.1000 R.C.41

Sui primi esemplari di M.C. 202 vennero montati motori DB 601A-1 originali. Esaurita la fornitura di 419 propulsori tedeschi, dal 1941 furono installati quelli assemblati dall'Alfa Romeo di Pomigliano d'Arco vicino Napoli; si trattava, comunque, del Daimler-Benz DB 601A-1 costruito su licenza della tedesca Daimler-Benz, con parti e componenti forniti dalla stessa Germania. L'accordo tra il Ministero dell'aeronautica e la Daimler-Benz venne concluso nel 1939, però la produzione richiese tempi tecnici molto lunghi e, solo nel 1941, ebbe inizio la fase sperimentale con la produzione di motori di preserie che vennero designati, secondo l'uso Alfa, 150 RC 41.

In seguito nel 1942 entrò in produzione il RA.1000 R.C.41, dove la sigla stava a significare che il motore poteva sviluppare una potenza normale continua di 1000 hp a 4.100 metri di quota; si trattava di un motore a iniezione diretta a quattro tempi, 12 cilindri in linea a V invertita con angolo di 60°, raffreddato a liquido.

- La disposizione a V capovolta venne preferita perché migliorava la visibilità per il pilota, allontanando, inoltre, i condotti dei gas di scarico dall'abitacolo.

I cilindri sono costituiti da una canna in acciaio inserita in un monoblocco portante in alluminio. Il sistema di distribuzione si basa su quattro valvole, regolate da bilancieri azionati da un albero a camme. Le bielle delle due bancate differivano nelle dimensioni con quelle di sinistra, caratterizzate da una sezione notevolmente maggiore.

Ogni cilindro conta due candele di accensione, alimentate da due magneti posti nella parte posteriore del motore.

Un riduttore a ingranaggi cilindrici è posto tra l'albero a gomito e l'albero dell'elica. L'alimentazione è fornita da una pompa per carburante tipo Ducati a ingranaggi FG3501 o tipo Nardi 12 a palette, la seconda dotata di maggior portata.

L'iniezione è fornita di pompa Iniex TPZ 12HM 100/11 oppure Bosch PZ12 HM a 12 cilindri in linea invertiti dotata di automatismo che regola la portata in funzione della pressione e temperatura dell'aria di alimentazione, nonché di dispositivo d'arresto e disaeratore pendolare.

Anche qui era presente un sistema che regolava automaticamente la corsa dei dodici pistoni e della pompa di alimentazione, sulla base della pressione e della temperatura dell'aria fornita dal compressore: con questo sistema la massima pressione di alimentazione si aveva al momento del decollo. Il grande vantaggio iniziale del DB 601 nei confronti dei motori simili dell'epoca, come il Merlin, era data proprio da questi sistemi di regolazione, che miglioravano il rendimento del propulsore equilibrando la miscela in ogni condizione, e dall'iniezione diretta, che rendeva l'alimentazione insensibile all'assetto di volo assunto, vantaggio non da poco nelle accelerazioni G negative.

- Infatti, mentre in queste condizioni un motore alimentato con il consueto sistema dei carburatori smetteva di funzionare per la mancanza di carburante, il DB 601 continuava a funzionare regolarmente.

Il rapporto di compressione era di 6,9:1. La prima versione del motore, costruita nel 1936, pesava 590 kg mentre nelle versioni successive tale valore raggiunse i 670 kg.

Gli iniettori sono Iniex (corrispondenti a Bosch B94M10) oppure Orange 9-2029B.

Il motore era sovralimentato attraverso un compressore centrifugo monostadio azionato da un giunto idraulico a innesto automatico e regolazione barometrica: questa è nulla fino a 2.100 metri per crescere poi progressivamente fino al massimo che si raggiunge a circa 7.000 metri.

La massima pressione è di 1,45 kg/cm^2, ammessa per non più di 1 minuto mentre la normale consigliata è di 1,23 kg/cm^2.

L'accensione, comandata da un magnete gemello Marelli MZM 12BR4 oppure Bosch ZM 12BR4 e utilizzante candele Marelli MR 405 o Bosch DW240 ET8 a isolante ceramico, avviene nel seguente ordine: 1/8/5/10/3/7/6/11/2/9/4/12.

La lubrificazione è garantita da una pompa di mandata e due doppie pompe di recupero a ingranaggi mentre il raffreddamento ad acqua è servito da una pompa centrifuga che muove l'acqua contenuta nel motore pari a 32 litri cui vengono aggiunti anticongelanti e olio Shell o NP Nafta pari all'1,5%.

- Merita un accenno particolare la produzione in leghe speciali, particolarmente in alluminio e in electron, che venivano prodotte dall'Alfa Romeo in speciali forni elettrici a induzione a bassa frequenza, che consentivano di ottenere risultati pregevoli: in particolare l'albero a camme era di qualità eccellente e venne richiesto per l'adozione anche sui motori tedeschi.

Dettaglio del gruppo di riduzione dell'Alfa Romeo RA1000 conservato al Museo nazionale della scienza e della tecnologia Leonardo da Vinci di Milano.

Inoltre, il controllo "Qualità" dell'Alfa Romeo era severo e venivano scartati mediamente fino al 20% dei prodotti, parte dei quali considerati come totalmente irrecuperabili.

La produzione di serie del RA.1000 R.C. 41-1 ebbe inizio nel 1942; dapprima la produzione era di 30/40 motori al mese per poi salire a uno standard di circa 60/65. Rimaneva comunque aperto il problema dell'insufficienza di tale produzione di fronte all'immediata necessità per il Macchi M.C.202 e il RE 2001 con conseguenti ritardi nell'entrata in linea di tali aerei. Tra i dati ricavabili dalle statistiche dell'Alfa Romeo rileviamo che nel 1943 contro circa 1.750 aerei da caccia vennero consegnati solo 1.000 motori, mentre la necessità immediata era di almeno 2.000 motori senza contare le necessarie riserve.

Ancora una volta la mancanza di una seria pianificazione impediva di disporre per tempo di un numero adeguato di motori e aerei in grado di competere con gli avversari.

La produzione complessiva di tale motore non è nota con precisione ma viene stimata in circa 1.500 motori.

Per quanto riguarda la revisione, gli stabilimenti di Pomigliano potevano revisionare completamente circa 60 motori al mese: tale dato è riferito alla metà del 1943.

La revisione del motore era un grosso problema in quanto la revisione generale, anche se fissata dopo 200 o 100 ore di funzionamento, era prevista già dopo 50 ore; inoltre a 25 ore erano necessarie numerose operazioni.

Va da sé che i motori utilizzati in Africa settentrionale vedevano ridurre drasticamente la loro vita operativa.

Dalla comparazione dei dati relativi ai due motori emergono alcune interessanti considerazioni.

La prima è che in apparenza il motore Alfa Romeo forniva potenze maggiori dell'originale Daimler-Benz a parità di consumi; occorre però rettificare tali dati per la tolleranza d'uso, fissata dall'Alfa Romeo nel 2,5%. Inoltre, occorre aggiungere che alcune prove effettuate al banco (e confermate da varie fonti degne di fede tra cui il Comandante Tullio De Prato) fornivano dati sorprendenti: il DB.601 era più potente di quanto dichiarato dalla casa costruttrice mentre il RA.1000 risultava di prestazioni inferiori per via dei materiali autarchici utilizzati che, pur essendo il meglio disponibile in Italia all'epoca, erano inferiori a quelli tedeschi. Questo comportava inoltre sostituzioni più frequenti di varie parti del motore. Se poi a tutto questo aggiungiamo il maggior peso del RA.1000 risulta chiaramente come le prestazioni generali degli aerei che lo montavano fossero inferiori alle previsioni stimate, basate sui dati del DB.601.

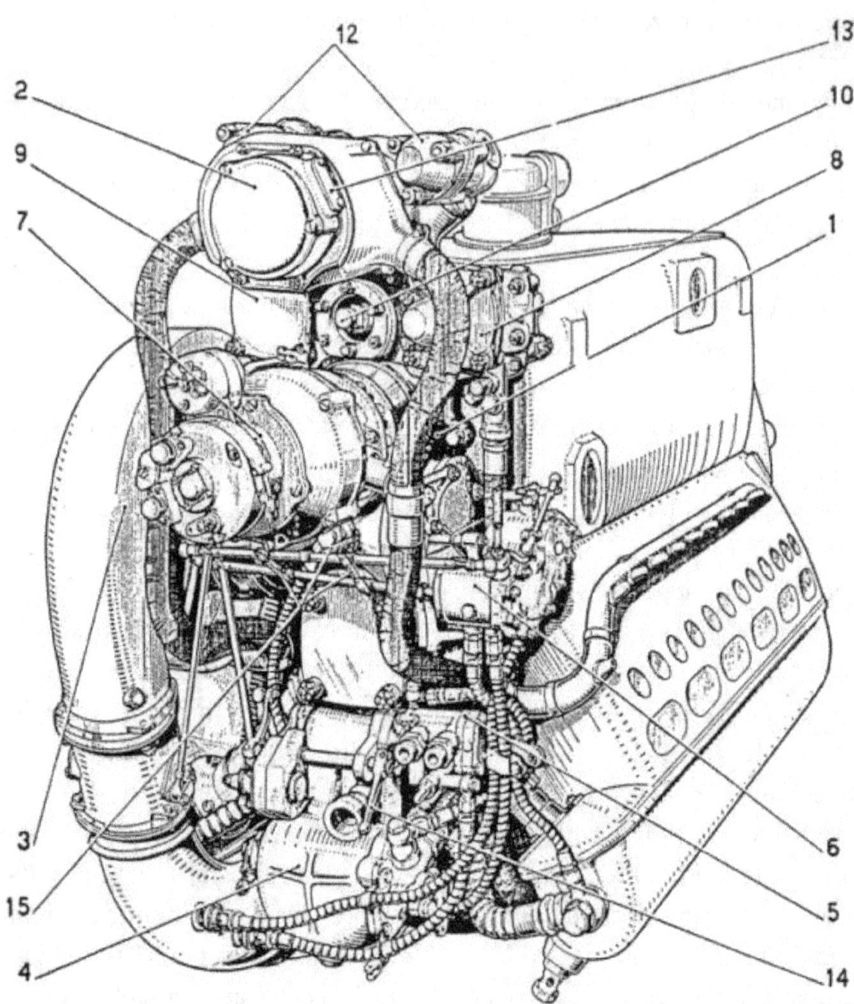

1. Coperchio posteriore
2. Magnete gemello
3. Compressore
4. Filtro auto pulitore, annesso alla pompa di mandata olio
5. Pompa del carburante
6. Limitatore delta pressione d'alimentazione
7. Avviatore
8. Presa di moto per comando universale
9. Presa di moto per comando dinamo

10. Presa di moto per comando contagiri
11. Prese di moto per comando mitragliatrici
12. Coperchietto di protezione del raccordo, sul magnete, per il cavo di bassa
    tensione
13. Leva comando gas
14. Molle ammortizzarci per le aste comando gas.

Caratteristiche tecniche

- Peso del motore a secco completo di avviatore elettrico, con albero portaelica e comandi ausiliari R.A. senza tubi di scarico: 670 kg
- Lunghezza: 1891 mm
- Larghezza (esclusi i tubi di scarico): 712 mm
- Altezza: 1033 mm
- Cilindrata: 33,9 litri
- Alesaggio: 150 mm
- Corsa: 160 mm
- Raffreddamento: a liquido
- Compressore: centrifugo a velocità variabile
- Rapporto di compressione: 6,9:1
- Potenza al decollo: 1.175 hp a 2.500 giri
- Potenza a 3.700 meri (massimo 5'): 1.100 hp a 2.400 giri
- Potenza a 3.700 metri (continua): 970 hp a 2.250 giri
- Potenza a 4.500 metri: 1.000 hp a 2.400 giri
- Combustibile: benzina a 87 ottani

Versioni

Complessivamente, furono ordinati 1.453 "Folgore".
Il grosso delle ordinazioni spettò:
- Alla Breda, 900 esemplari, di cui prodotti 649.
- L'Aermacchi stessa, 403 esemplari, di cui prodotti 390.
- La SAI Ambrosini, 150 esemplari, di cui prodotti 67.

Prototipo M.C. 202 MM.445

Il prototipo presentava una sorta di tettuccio "a goccia", avendo due trasparenti
fissi per lato sulla carenatura posteriore dell'abitacolo e il ruotino di coda
retrattile e chiuso da due portellini. Il castello motore non era ancora in lega
leggera, ma in tubi d'acciaio. Non aveva, invece, il prolungamento della presa
d'aria sul lato sinistro del cofano motore, né l'antenna radio.

Le superfici erano lasciate interamente in metallo naturale, senza alcuna finitura
mimetica, mentre alcuni pannelli appaiono nel colore del primer protettivo.
Nessuna insegna di nazionalità era presente sulle ali o sulla fusoliera con
l'unica eccezione del tricolore sul timone, completo di stemma di stato.
Sulla fusoliera non compariva né l'indicazione di tipo né la matricola, che non
era stata ancora apposta, poiché il prototipo era stato realizzato su iniziativa
privata della ditta.

In seguito il prototipo fu trasferito a Guidonia per le valutazioni militari e a Furbara per le prove di tiro. La configurazione originale presentava una struttura anticapottata parzialmente vetrata, con il ruotino di coda retrattile e la presa d'aria del compressore di tipo corto.
Anche gli sfiati d'aria dietro al cofano motore erano presenti in numero ridotto.

M.C. 202

La versione di serie iniziale non aveva l'asta di sostegno del filo dell'antenna, che comparve solo con le radio trasmittenti. I primi aerei operativi avevano, infatti, soltanto un ricevitore.

M.C. 202 AS

Era il Folgore "Africa Settentrionale", dotato di un filtro antisabbia Corbetta alla presa d'aria, applicato praticamente a tutti gli esemplari. Con la serie VII fu introdotto il parabrezza in blindovetro e l'ala era predisposta per ospitare due mitragliatrici da 7,7 mm con 500 colpi per arma, montate dal maggio 1941.
A causa dell'aumento di peso, però, che riduceva la maneggevolezza, i piloti le facevano spesso smontare.

M.C. 202AS/CB

Dalla Serie XI in poi, i Macchi M.C. 202 potevano diventare AS/CB, cioè Caccia-Bombardieri, con due attacchi alari per bombe da 50, 100, o 160 kg, oppure serbatoi ausiliari sganciabili da 100 o 150 litri (raramente utilizzati). Gli attacchi vennero in realtà montati su pochissimi velivoli.

M.C. 202EC

Il Folgore MM.91974, collaudato il 12 maggio 1943, era dotato di due gondole subalari per cannoncini aeronautici Mauser MG 151/20 da 20 mm con 200 colpi per arma. Ne furono realizzati altri quattro esemplari, ma i piloti italiani, che già avevano rifiutato le Breda-SAFAT da 7,7 mm nelle ali, per l'aggravio di peso, non gradirono sufficientemente l'innovazione.

M.C. 204

Già nell'autunno 1940, per svincolarsi dalle consegne di DB 601, fu progettata una variante propulsa dal motore Isotta Fraschini Asso L.121 o un suo derivato. Si arrivò alla costruzione di un mock-up in legno del nuovo muso per definire le installazioni, ma il progetto venne abbandonato perché ci si rese conto che avrebbe comportato un inaccettabile calo delle prestazioni.

Notare semplicemente come "C.202 Isotta Fraschini", dopo la realizzazione del M.C. 205, che prendeva l'ultima cifra dal motore DB 605, il progetto fu successivamente rinominato M.C. 204, per occupare il numero rimasto libero.

La denominazione M.C. 203 venne, invece, assegnata, sempre successivamente, a un idrovolante bimotore rimasto ai disegni preliminari.

Impiego

Il Macchi M.C. 202 operò su tutti i fronti.

L'aereo ebbe il suo battesimo del fuoco soltanto alla fine del settembre 1941, a causa dei molti difetti che i primi esemplari presentavano. Alcuni poterono essere eliminati in breve tempo, come il difetto del carrello che, in alcuni voli, a seguito di brusca richiamata, fuoriusciva.

Il 21 agosto a Lonate Pozzolo il tenente Giulio Reiner, uno dei piloti più esperti del 9° Gruppo, effettuava il volo di controllo militare e gli strumenti dell'Ufficio tecnico registrarono la velocità in candela di 1.078,27 km/h e un'accelerazione nelle richiamata di 5,8 G. Tuttavia, durante la picchiata, si verificarono alcuni inconvenienti:

- Il volantino di comando dell'assetto dei piani di coda si era bloccato e non interveniva nella manovra di richiamo del 202 che tendeva a rimanere in candela.

- Alla massima velocità raggiunta si erano manifestate fortissime vibrazioni, in particolare sulla cloche.

- Infine, l'inclinazione delle pale dell'elica si bloccava sul passo massimo anche con la manetta al minimo, agevolando l'affondata ma ostacolando l'atterraggio.

Altri difetti che poterono essere eliminati furono:
- Il cofano delle armi che si spaccava.
- I nastri delle munizioni che si inceppavano.
- La presa d'aria anti-sabbia che, a causa delle vibrazioni del motore, dapprima si cristallizzava e poi si tranciava.

Altri difetti come il cattivo funzionamento dell'impianto dell'ossigeno e l'armamento insufficiente, non poterono mai essere risolti del tutto, così come il problema delle radio, che emettevano tanti e tali rumori che i piloti preferivano tenerle spente. Una grave limitazione dell'aereo era poi rappresentata dall'impossibilità assoluta di eseguire manovre in volo rovescio poiché, nonostante il motore tedesco avesse l'iniezione diretta meccanica della benzina, il velivolo non era equipaggiato con un sistema di pescaggio del carburante che fosse utilizzabile anche in tali condizioni di volo.

Il Folgore ebbe il suo battesimo del fuoco sotto le insegne del "Cavallino Rampante".

La prima unità a registrare il primo abbattimento fu il 9° Gruppo (4° Stormo) il 30 settembre 1941. Quel giorno poco dopo le due pomeridiane, sei Hurricane decollati dalla base di Hal Far a Malta piombarono sull'aeroporto di Comiso, mitragliando e bombardando; tra le esplosioni, tre Macchi della 97ª Squadriglia riuscirono a decollare per intercettare i caccia-bombardieri inglesi.

Il sottotenente Jacopo Frigerio, raggiunti gli aerei britannici, diretti a Malta, attaccò l'Hurricane (Z5265) del Pilot Officer D.W Lintern, incendiandolo; il pilota inglese si lanciò con il paracadute sul mare a 15 km a sud di Capo Scaramia, a nord di Gozo.

Poco dopo, un Cant Z.506 da soccorso scortato da tre M.C.202 giunse per soccorrere il pilota, ma sette Hurricane cercarono di abbattere l'idro-soccorso. I Folgore attaccarono allora gli Hurricane e diversi velivoli britannici furono colpiti; tra questi uno esplose prima di cadere in mare. Il 1° ottobre 1941, vi fu un altro combattimento tra i Folgore e gli Hurricane del 185° Fighter Squadron. A circa trenta miglia a Nord-Est dell'isola di Malta veniva colpito, precipitando in fiamme, l'Hurricane IIc del Comandante l'unità britannica, lo Squadron Leader F.B. "Baby" Mould, un pilota pluridecorato che si lanciò con il paracadute e finì in mare, ma non fu mai più ritrovato.

Sempre gli M.C. 202 del 9° Gruppo il 26 novembre 1941 incontravano una formazione di caccia Curtiss P-40 e secondo i registri italiani abbatterono sette P-40 senza perdite; la presenza dei Folgore nel cielo di Malta durò però solo fino alla fine di novembre, quando la maggior parte dei Macchi fu trasferita in Nord Africa. Il 4° Stormo tornò in Sicilia nell'aprile del 1942 per un paio di settimane, prima di continuare il suo trasferimento a Campoformido. Nel frattempo il 16° Gruppo del 54° Stormo iniziò a riequipaggiarsi con gli M.C. 202 verso la fine del 1941.

I Macchi del 51° Stormo e quelli del 23° Gruppo del 3° Stormo arrivarono nel maggio 1942.

Alla fine di giugno in Sicilia erano stati trasferiti circa 60 Macchi per operare contro Malta, che aveva nel frattempo iniziato a ricevere gli Spitfire V. Per tutta l'estate e parte dell'autunno i Macchi si scontrarono quasi quotidianamente con gli Spitfire, con perdite continue da entrambe le parti. Il 27 luglio 1942, nel cielo di Gozo vi fu uno scontro che vide protagonisti l'asso canadese George Beurling (soprannominato "Buzz"), del 249° Squadron e il capitano Furio Niclot Doglio della 151ª Squadriglia del 51° Stormo Caccia, un abile pilota italiano con sette abbattimenti accreditati e molti primati mondiali al suo attivo raccolti prima del conflitto.

Beurling sullo Spitfire Mk V sigla BR 301/UFS fece saltare in aria da grande distanza il Folgore (M.M.9042) di Niclot; prima di Doglio aveva abbattuto anche il 202 del sergente Faliero Gelli della 378ª Squadriglia del 155º Gruppo, pilota con tre abbattimenti al suo attivo.

Beurling, impiegava il "deflection shot", il tiro a distanza di bersagli in rapido movimento, e quello stesso giorno abbatté anche due Messerschmitt Bf 109, incluso quello del tenente Karl-Heinz Preu dello Stabst./JG53, un asso con 8 abbattimenti.

Colpì il Macchi del sergente Gelli prima ancora di essere avvistato e la stessa sorte dovette subire anche Niclot Doglio: intento a battere le ali per poi manovrare e attaccare dal basso altri Spitfire, non si avvide dell'attacco laterale portato dalla sua sinistra dalla formazione con cui volava l'asso canadese che lo centrò con numerosi colpi dei cannoncini da 20 millimetri.

"Quel povero diavolo semplicemente saltò in pezzi" riferì George Buzz Beurling, che per i successi di quel giorno ottenne la Distinguished Flying Medal. Due settimane dopo, il 13 agosto, Adriano Visconti venne inviato in ricognizione su Malta ai comandi di un M.C.202 fotografico armato, in coppia con un altro Folgore alla ricerca di una flotta in avvicinamento all'isola. Quando fu sulla verticale delle navi i due Macchi vennero attaccati da quattro Spitfire di scorta al convoglio. Visconti, al suo secondo combattimento con il M.C.202, abbatté due Spitfire, mettendo in fuga gli altri due, permettendo al ricognitore di svolgere la sua missione.

Per questa doppia vittoria aerea, Visconti venne insignito di una Medaglia d'Argento al Valor Militare.

Il Nord Africa fu lo scacchiere dove si alternarono più o meno tutti gli stormi che impiegarono il Folgore, sempre disponibile in numero insufficiente. Alla vigilia dell'attacco di Rommel contro l'Egitto che lo avrebbe portato a El Alamein, dei 182 caccia italiani di pronto impiego, 93 erano Macchi 202. Nell'ottobre 1942 il 3° Stormo ricevette i primi Folgore e il 20 dello stesso mese, il tenente Franco Bordoni-Bisleri dell'83ª Squadriglia del 18° Gruppo abbatté su Fuka un bimotore Martin Baltimore del 203 Squadron.

Rifornimento di un caccia Macchi M.C.202 su una pista in Africa settentrionale.

Sei giorni dopo, il 26, ci fu una battaglia aerea su Fuka, tra diciannove Macchi 202 da una parte e trenta P-40 e dieci Spitfire di scorta a diciotto Douglas DB-7 Boston dall'altra.

- Il tenente Giulio Reiner della 73ª Squadriglia colpì uno Spitfire che precipitò ed esplose al suolo, a 20 km a sud est di Fuka.
- Il tenente Vittorio Squarcia, sempre della stessa unità (73ª Squadriglia), in collaborazione con altri piloti del 23° Gruppo, attaccò un Curtiss P-40 e ne costrinse il pilota, Sergeant Emy Meredith, del 344 Squadron, a un atterraggio a carrello retratto a sud di El Daba.
- Un altro P-40 colpito da più Macchi precipitava esplodendo al suolo.

- Bordoni-Bisleri colpì uno dei Kittyhawk, che si distrusse in un atterraggio di fortuna, a 15 km sud-est di Fuka.
- Solo un Macchi non rientrò, quello del Sergente Maggiore Celso Zemella, costretto a lanciarsi con il paracadute su El Quteifiya per guasti al motore.

Il 17 marzo, 17 caccia Macchi M.C. 202 del 16° stormo abbattevano nove Spitfire e un Lockheed P-38, perdendo soltanto due velivoli. In aria le forze Anglo-americane superavano quelle dell'Asse di 6 a 1, ma anche in questo contesto Adriano Visconti, allora in forza al 54° Stormo, l'8 aprile 1943 decollava su allarme insieme ai sergenti Giuseppe Marconcini e Domenico Laiolo. Visconti con vantaggio di quota e con il sole alle spalle guidava i suoi uomini all'attacco di una squadriglia di Spitfire V e ne abbatté il comandante britannico.

Il sergente Marconcini abbatté il gregario di sinistra del comandante britannico; Laiolo attaccò uno Spitfire che cercò di sfuggire invertendo la rotta, ma il Folgore lo anticipò e lo colpì in pieno facendolo precipitare. Per Visconti era la quarta vittoria.

Il 18 aprile, tra le 17.25 e le 18.30, cinque Macchi M.C. 200 andarono all'attacco dei carri armati della 1ª Divisione Corazzata dell'8ª Armata britannica a Sidi Bou Ali. Ventidue M.C.202 del 54° Stormo di scorta alle "Saette" si scontrarono con una formazione di P-40 e Spitfire. Il Capitano Sergio Maurer, il tenente Giuseppe Robetto e il sergente Mauri abbatterono uno Spitfire a testa, mentre il sergente Rodoz fece precipitare un P-40. Undici giorni dopo, il 29 aprile vi fu l'ultimo grande scontro aereo prima della caduta della Tunisia. In mattinata, il tenente Oscar Patuelli della 167ª Squadriglia del 54° Stormo su un Folgore, sorprese due caccia nemici in decollo da un aeroporto a 8 km a sud di Medjez el Bab e li abbatté. Lo stesso giorno, tra le 17.45 e le 18.50, tredici Macchi 202 del 7° Gruppo di protezione a un convoglio navale in navigazione tra Capo Bon e l'isola di Zembra, attaccarono sessanta tra Spitfire e P-40 diretti contro le navi.

Il tenente Visconti abbatté un P-40 con bombe alari. Altri quattro caddero sotto i colpi di altri piloti del 54°, mentre altri cinque P-40 furono dichiarati probabili. I piloti dei P-40 dichiararono a loro volta tre Macchi abbattuti, ma il 54° riportò una sola perdita, quella del capitano Ugo Diappi della 86ª Squadriglia lanciatosi con il paracadute più il danneggiamento grave di tre Macchi. Visconti venne proposto per la concessione di una medaglia d'argento al valor militare che gli verrà concessa il 10 giugno 1948, tre anni dopo la morte. Nel pomeriggio di giovedì 6 maggio 1943, i Macchi 202 del 54° Stormo si alzarono per contrastare le decine di aerei alleati in volo sulla Tunisia.

Visconti decollò da Soliman alla guida del 7° Gruppo, mentre il tenente colonnello Giovanni Zappetta decollò da Korba al comando del 16°. I quattordici Macchi M.C.202 attaccarono nel cielo di Capo Bon gli Spitfire V del 31° Fighter group.

- Visconti colpì uno Spitfire (sua sesta vittoria individuale e ultima nella Regia Aeronautica) e probabilmente un secondo.
- Un altro Spitfire fu abbattuto dai piloti del 7° Gruppo di Visconti e altri due vennero dichiarati "probabili".
- Il capitano Sergio Mauer, comandante della 98ª Squadriglia, fu a sua volta abbattuto e ucciso quasi certamente dal Lieutenant Dale Shafer jr.
- Il tenente colonnello Zappetta, colpito dal Major Frank Hill, fu costretto a un atterraggio di emergenza su una spiaggia.

Fu l'ultimo combattimento aereo della Regia Aeronautica in Africa Settentrionale: il giorno dopo Tunisi si arrese agli anglo-americani.

Oltre all'Africa Settentrionale, un altro fronte ha rappresentato per la Regia Aeronautica, una continua emorragia di uomini e di mezzi: è l'impiego contro l'isola di Malta. Una prima presenza di C.202 avviene in Sicilia, sull'aeroporto di Comiso, dal 29 settembre al 24 novembre 1941 (9° gruppo del 4° stormo); ed è proprio in questo teatro che il velivolo consegue i primi successi con l'abbattimento di un Hurricane partecipante al mitragliamento dell'aeroporto siciliano di Comiso e di altri due di una formazione di sette attaccanti l'idrosoccorso italiano inviato a salvare il pilota del primo velivolo.

Quando questi si trasferiscono in Africa, l'Aeronautica della Sicilia rimane con una sola sezione di C.202, attrezzati per riprese fotografiche (aeroporto di Castelvetrano, inizio del 1942).

Un più cospicuo impiego di C.202, avviene solo nell'aprile del 1942, quando il 4° stormo, tornato dall'Africa e reintegrato a Campoformido, si ferma in Sicilia per un paio di settimane (aeroporti di Sciacca e di Castelvetrano). Quando poi in maggio il 4° stormo torna in Libia, gli si sostituiscono i C.202 del 155° gruppo (51° stormo) e del 23° gruppo (3° stormo).

Nel cielo di Malta, proprio su un C.202 del 51° stormo, il 27 luglio 1942 muore un valoroso Comandante di Squadriglia: è Furio Níclot, già primatista mondiale di velocità, sul Breda Ba.88. Al 30 giugno 1942 sono impiegabili contro l'isola circa 60 caccia C.202; un nuovo gruppo, destinato a operare contro l'isola, deve essere, invece, spedito in Africa, con urgenza, e mai vedrà l'impiego su Malta.

Intanto la linea-caccia della Roval Air Force viene tenuta costantemente efficiente, con l'invio di continui rinforzi: 130 aerei presenti al 1° luglio, 55 al 14 luglio, 112 al 23 luglio. All'ultima offensiva aerea contro Malta (ottobre 1942), partecipano i 74 Macchi C.202 di tre gruppi (in settembre, si è aggiunto il 153° gruppo autonomo). I 129 caccia inglesi rilevati dalle ricognizioni fotografiche del 10 ottobre, sugli aeroporti dell'isola, si riducono a 80, dieci giorni dopo; ma il 29 ottobre, il lancio di una quarantina di Spitfire dalla portaerei Furious rimpiazza i velivoli perduti. Tutto daccapo, ma la Regia Aeronautica e la Luftwaffe non hanno più la forza per ricominciare: quel poco che c'è, finisce a El Alamein. Dal giugno 1940 al novembre 1942, la difesa aerea di Malta è, comunque, costata alla RAF, 844 velivoli da caccia (in massima parte Hurricane e Spitfire) e 518 piloti.

Parallelamente alle azioni su Malta, va ricordato il contributo dato dai reparti di C.202, alle battaglie aeronavali di « mezzo giugno » e di « mezzo agosto » 1942.

Un altro fronte che ha visto l'impiego del velivolo, è quello russo. I Folgore arrivarono sul fronte orientale nell'estate del 1942; gli M.C.202 andarono ad affiancare o sostituire i Macchi 200 in forza al 21° Gruppo. Durante la battaglia del Don - i caccia Italiani erano allora basati sugli aeroporti di Millerovo e Kantamirovka - gli aviatori furono impegnati in combattimento e il 13 agosto sette piloti italiani vennero decorati con la croce tedesca di seconda classe. In seguito, tuttavia, il 21° Gruppo, che aveva in forza 17 M.C.202, impiegò in modo limitato i Folgore: nel corso di quattro mesi, i 202 svolsero soltanto 17 missioni.

Una di queste fu la scorta a Junkers Ju 52 in volo su Stalingrado, l'11 dicembre 1942, durante la quale il tenente pilota Gino Lionello venne abbattuto e dovette paracadutarsi dal suo Folgore. Cinque giorni dopo, il 16 dicembre, quando i sovietici lanciarono l'offensiva contro l'8ª Armata Italiana in Russia, o "ARMIR", i Macchi M.C. 202 dispiegati sul fronte orientale erano ridotti a 11. Appena due giorni dopo, sotto la pressione dell'Armata Rossa e degli attacchi dell'aviazione sovietica, l'aeroporto di Kantamirovka dovette essere abbandonato. Uno degli assi del Folgore fu il veterano Franco Lucchini che aggiunse 21 abbattimenti alle sue 5 vittorie in Spagna. Pilotando il Macchi M.C. 202 ottenne almeno 16 vittorie individuali e diverse altre in collaborazione sulla Libia, ma fu abbattuto e ucciso sulla Sicilia il 5 luglio 1943.

Nel luglio 1943, prima dello sbarco alleato in Sicilia, gli M.C.202 equipaggiano ancora una dozzina di reparti, così distribuiti:

- 15 MC.202 (di cui 11 efficienti) al 2° Stormo a Lonate Pozzolo.
- 18 (4 effienti) al 3° Stormo a Cerveteri.
- 38 (12 efficienti) al 4° Stormo a Catania.
- 11 (7 efficienti) al 20° Gruppo a Catania.
- 16 (9 effricienti) al 22° Gruppo a Capodichino.
- 23 (21 efficienti) al 51° Stormo a Monserrato.
- 19 (10 efficienti) al 24° Gruppo a Venafiorita.
- 18 (11efficienti) al 161° Gruppo a Reggio Calabria.
- 12 (6efficienti) al 21° Gruppo a Chinisia.
- 7 (3 efficienti) al 153° Gruppo a Palermo.
- 9 (6 efficienti) al 154° Gruppo a Rodi.

Sono così poco più di 100 i Macchi M.C. 202 sparsi su tutto il territorio, ma la maggior parte dei velivoli al sud vengono annientati nel corso della conquista della Sicilia o distrutti a terra dagli attacchi alleati. Tuttavia, nei primi dieci giorni di luglio le forze da caccia italiane e tedesche effettuano rispettivamente 690 e 500 missioni sui campi siciliani e le perdite alleate sono considerevoli. Il 4° Stormo a Catania, cui si è aggregato il 21° Gruppo di Chinisia con alcuni C.205V e i Gruppi 161° e 153° di Palermo sostengono l'estrema difesa dell'isola e prima di abbandonarla questi reparti sono affiancati anche da alcuni velivoli del 3° Stormo di Cerveteri e da una dozzina di Veltro del 51° provenienti dalla Sardegna.

Le ultime azioni contro le teste di ponte alleate vengono effettuate dal 3 al 7 settembre, quando i 202 disponibili sono ridotti a 47 in tutto: ma questi voli rappresentano il canto del cigno del Folgore.

Il Macchi 202 rimase in prima linea anche oltre l'armistizio.

Quando la Regia Aeronautica riprese l'attività bellica al fianco degli Alleati, alcuni Folgore equipaggiarono fino alla completa usura reparti come la 208ª Squadriglia Caccia-Bombardieri.

I pochi caccia ancora bellicamente validi vanno a costituire in ottobre il Raggruppamento Caccia dell'Aeronautica cobelligerante con 27 M.C.202 ripartiti tra 4° Stormo, 21° e 155° Gruppo, tutti basati a Lecce: il comando del reparto è assunto nel maggio 1944 dal tenente colonnello Duilio Fanali e la prima missione è effettuata il 6 luglio con quattro caccia guidati dal maggiore Mario Bacich che ha da poco lasciato il comando del Gruppo per quello del 5° Stormo. Già dal 9 settembre 1943 quattro M.C.202 dell'Aeronautica della Sardegna svolgono missioni di ricognizione a vista, in relazione al trasferimento della flotta italiana da La Spezia a Malta. Poi, accanto a M.C.205 e RE 2002, i C.202 intervengono durante gli eventi di Cefalonia e Corfù. Infine, iniziano l'attività operativa su Albania, Grecia e Jugoslavia contro le forze tedesche: si spostano gradualmente a Campomarino (Campobasso), utilizzando una striscia che, dal nome di una masseria, prende il nome di "Nuova" e anche il campo trampolino dell'isola di Lissa (controllata allora dalle truppe titine). Concluso questo ciclo operativo il Raggruppamento Caccia torna a operare a Lecce, prima a Leverano e poi, con l'arrivo di P-39 e Spitfire, a Galatina ove esiste una striscia asfaltata. Nel novembre 1943 una ventina di M.C.202 cobelligeranti sono convertiti in M.C.205 da parte del Servizio Tecnico Caccia e sette dall'Aeronautica Sannita di Benevento.

Ma la scarsa disponibilità di ricambi riduce rapidamente l'efficienza della linea, tanto che il 5° Stormo (cui il 4° ha ceduto i pochi 202 ancora in carico prima di passare sui P-39 Airacobra) deve operare con il solo 102° Gruppo (209a e 239a squadriglia) che continua la lotta fino al gennaio 1945. Nel corso del breve periodo di cobelligeranza vanno perduti una decina di Macchi C.202. Complessivamente i C.202 del Raggruppamento Caccia effettuano 2.079 ore di volo bellici e 2.473 per altri scopi.

Anche l'Aeronautica Nazionale Repubblicana al nord dispone di pochi esemplari di Folgore: trentasei in tutto, cioè buona parte del 3° Gruppo sino all'agosto 1944, ossia prima che il reparto riceva i Messerschmitt Bf 109G. I 202 vengono considerati aerei di seconda linea e come tali vengono assegnati a compiti addestrativi. Nel dopoguerra vengono recuperati alcuni MC.202: si tratta di 32 esemplari, per il 75% risultanti da ricostruzioni e con questi si può proseguire l'attività addestrativa: a marzo 1947 ce ne sono ancora sei nella scuola caccia di Lecce, più sei nella locale SRAM.

Dopo il conflitto, i Folgore non più in condizioni di volare e non ricondizionati in Macchi M.C. 205 da vendere all'estero, vennero usati, tra l'altro, per anni come bersagli per l'addestramento degli armieri al tiro con le Breda-SAFAT da 12,7 mm, fino a completa distruzione.

Il Macchi M.C. 202 volò quasi esclusivamente con la Regia Aeronautica, che assorbì la quasi totalità della produzione; la Luftwaffe acquistò dall'aeronautica italiana dodici Folgore, che girò al 1° Gruppo Caccia della Legione Croata, seguiti da un'ulteriore fornitura non documentata.

20° Gruppo

Il 20° Gruppo Caccia Intercettori è un gruppo di volo appartenente al 4° Stormo dell'Aeronautica Militare, con la missione di addestrare i piloti assegnati alla linea Eurofighter, sotto il coordinamento del Comando forze da combattimento. Il Gruppo ha sede nell'Aeroporto di Grosseto.

Il XX Gruppo nasce il 26 marzo 1918 a Castenedolo (poi Aeroporto di Brescia-Montichiari) comandato dal Maggiore Giorgio Chiaperotti formato dalle squadriglie 37ª Squadriglia Savoia-Pomilio SP.3 e 40ª Squadriglia SIA 7b; a giugno riceve la 113ª Squadriglia SAML di Medole che poi va a Cividate Camuno. All'inizio di luglio la 37ª e la 40ª vengono sciolte e il gruppo, al comando del Capitano Mario Martucci, va a Brescia con la 113ª SAML e con la 136ª Squadriglia Pomilio, per la 7ª Armata.

Dopo essere passato al comando del Maggiore Luigi Tagliasacchi, in agosto va a Cividate Camuno ricevendo la 2ª Sezione FBA sul Lago d'Iseo e la 120ª Squadriglia Pomilio. In seguito arriva una sezione della 74ª Squadriglia sul campo di Cividate Camuno e il 28 settembre cede la 2ª Sezione FBA. Il 4 ottobre riceve la 72ª Squadriglia caccia e la 74ª Squadriglia.

Dopo la guerra il 1° dicembre si scioglie la 120ª e il gruppo è all'Aeroporto di Udine-Campoformido. Il 18 gennaio 1919 viene chiusa la 112ª e il 6 febbraio arriva la 9ª Sezione Ansaldo S.V.A.. Nel mese di marzo è inquadrato nell'8ª Armata con la 113ª, 115ª Squadriglia e 8ª Sezione SVA, mentre in aprile è al comando del Maggiore Djalma Juretigh con la 113ª e 115ª.

Il 1° agosto diventa Comando di Gruppo da Ricognizione Tattica e Strategica con la 113ª e 115ª SAML a Campoformido, 121ª Squadriglia SAML a Bolzano di San Giovanni al Natisone, 87ª Squadriglia aeroplani SVA 5 di Aiello del Friuli e 58ª Squadriglia SVA 10 di Verona.

Il 1° Giugno 1939, sull'Aeroporto di Ciampino, il 20° Gruppo Caccia (351ª, 352ª, 353ª Squadriglia), equipaggiato di CR.32 e FIAT G.50, viene ricostituito in seno al 52° Stormo Caccia e successivamente viene assegnato al costituendo 51° Stormo Caccia basato a Ciampino Sud.

L'inizio del conflitto vede il reparto schierato in Belgio dall'Ottobre del 1940 al Maggio del 1941 totalizzando 1.341 ore di volo sui cieli della Manica e dell'Inghilterra. Rientrato in Italia, nell'estate del 1941 il Gruppo è inviato a operare in Africa settentrionale. L'attività è molto intensa: 4.103 sono le ore volate in zona di guerra; 38 velivoli nemici abbattuti e 12 distrutti al suolo. Le perdite furono di 6 piloti tra i quali una medaglia d'oro al Valor Militare al Capitano Mario Montefusco.

Tornato nei cieli italiani, nel Marzo del 1942 il Gruppo transita dai vecchi C.50 ai nuovi Macchi M.C. 202. Inviato in Sicilia, opera su Malta, partecipa alle battaglie di Pantelleria e di Mezzagosto, ed effettua missioni di protezione dei convogli navali diretti in Libia. Nei cieli di Malta persero valorosamente la vita il Maggiore Furio Niclot e il Capitano Italo D'Amico, entrambi insigniti della massima onorificenza militare.

Nel Settembre del 1943, il 20° Gruppo venne dotato dei primi Macchi 205. Con questi moderni e veloci caccia effettuò azioni a largo raggio operando dalla Sicilia contro lo sbarco delle truppe anglo-arnericane. Durante queste operazioni caddero eroicamente nei cieli di Sardegna il Maresciallo Paolo Damiani e il Capitano Piero Bianchi. Con questi ultimi, ben cinque piloti del Gruppo sono stati insigniti della Medaglia d'Oro al Valor Militare.

Nel Settembre del 1943 il reparto è sulla Base di Ciampino e contribuisce alla difesa della Capitale. L'armistizio trova specialisti e piloti divisi tra la base romana e Foligno dove sta avvenendo la transizione sui Fiat G.55. Dopo la riorganizzazione delle forze si riprende a operare sui Balcani dalla base di Lecce.

Il gruppo viene a far parte del raggruppamento caccia, effettuando le operazioni contro le postazioni tedesche con i Macchi 202 e 205, e con i nuovi Spitfire.

Il 20° gruppo, con l'arrivo della squadriglia 151, viene anch'esso trasferito in Africa Settentrionale, sempre su G50bis.

Nell'ambito dell'Operazione Crusader i G.50 del gruppo, si spostano dall'Aeroporto di Martuba al campo di Sidi Razegh. Mentre facevano rifornimento, vengono investiti da truppe corazzate nemiche entrate per oltre 80 km senza essere segnalate. Solo 3 piloti riescono a decollare per attaccare il nemico e rientrare a Martuba. Il 19 novembre vengono così persi 18 G.50. La notte del 22 dicembre l'aeroporto di Agedabia riceve l'attacco dei commandos inglesi. È un'altra strage di aerei italiani e tedeschi: tra questi, cinque G.50 del gruppo.

La missione nei territori africani necessiterà poi di un rientro che avviene con il ritorno nel 51° Stormo a Ciampino dove resterà fino alla metà del 1942 e dove transiterà sul nuovo Macchi M.C.202 Folgore.

Nella seconda metà dell'anno si sposta in Sicilia, dove opera sul cielo di Malta contro la Royal Air Force, partecipa alla battaglia di Pantelleria (compresa nella Battaglia di mezzo giugno) e Battaglia di mezzo agosto, ed esegue missioni di scorta per i convogli diretti nei territori africani. Nel febbraio 1943 era sull'Aeroporto di Trapani-Chinisia al comando del Maggiore Riccardo Roveda. Nel 1943 riceve in dotazione i Macchi M.C.205 Veltro per contrastare gli alleati ormai vicini allo sbarco sulle coste italiane, mentre l'8 settembre era all'Aeroporto di Foligno nel 51° Stormo Caccia Terrestre con la 151ª (tre M.C.205), 352ª (tre M.C.202) e 353ª Squadriglia (due G.55).

Verso la fine dell'anno ritorna a Ciampino per difendere la capitale. Qui arriverà l'armistizio. Il Gruppo si trova inquadrato nelle forze della Regia Aeronautica Cobelligerante Italiana (ICAF) e inserito nella Balkan Air Force con gli M.C.202 e M.C.205 oltre ai Supermarine Spitfire forniti dagli Alleati; qui opera sino al termine della guerra sui Balcani.

Il 5 maggio 1945 hanno termine le azioni belliche del 20° Gruppo.

51° Stormo

Il 51° Stormo della Regia Aeronautica venne costituito a Ciampino, destinato alla difesa di Roma, presso l'omonimo aeroporto il 1° ottobre 1939, accorpando due Gruppi di volo: il già presente 20° Gruppo, (scorporandolo dal 52° Stormo) composto dalla 351ª, 352ª e 353ª Squadriglia e il neo costituito 21° Gruppo Autonomo Caccia Terrestre, composto dalla 354ª, 355ª e 356ª Squadriglia. Il nuovo Stormo venne affidato al comando del tenente colonnello pilota Umberto Chiesa ed equipaggiato con il caccia biplano Fiat C.R.32, il caccia monoplano Fiat G.50 e alcuni esemplari di IMAM Ro.41 da addestramento per la formazione e la pratica del personale volante, oltre ai Caproni Ca.111 e Ca.133 da trasporto.

Dopo l'entrata dell'Italia nel secondo conflitto mondiale, il 22 settembre 1940 (sciolto il 51° Stormo) il 20° Gruppo venne inviato in Belgio come reparto costituente il Corpo Aereo Italiano (CAI), per affiancare la Luftwaffe nelle missioni nell'ambito della Battaglia d'Inghilterra. Dato che oramai erano operazioni belliche volte a sollevare il morale del reparto, il maggiore Mario Bonzano (comandante del Gruppo) si assunse la responsabilità della decisione che da tempo covava nell'animo dei suoi uomini. Come gesto scaramantico e di buon augurio ordinò che si ridipingessero nuovamente in verde i tre sorcetti. Da allora il "Gatto nero con i tre topolini verdi" rimase l'invariato emblema del 51° Stormo.

Al 51° venne affidata la difesa di Roma e Napoli. Dal gennaio 1942 al febbraio 1943 lo Stormo caccia terrestre è stato comandato da Aldo Remondino.

Nel marzo 1942, gli aerei vennero sostituiti con i più recenti ed efficaci Macchi M.C.202 con i quali lo stormo venne rischierato a Kinisia in Sicilia per iniziare le operazioni su Malta.

L'8 settembre era a Milis con il 155° Gruppo a Sa Zeppara con la 351ª (Sa Zeppara, quattro M.C.205), 360ª (Sa Zeppara, quattro M.C.205) e 378ª Squadriglia (Milis, quattro M.C.202) e il 160° Gruppo Caccia Terrestre all'Aeroporto di Olbia-Venafiorita con la 375ª (cinque Re.2001), 393ª (quattro RE 2001, 1 G.50) e 394ª Squadriglia (tre RE 2001, due Fiat C.R.42).

Dopo l'8 settembre 1943, con la firma dell'armistizio di Cassibile, il 51° Stormo si ricostituì sull'aeroporto di Lecce con i gruppi 20°, 21° e 155°, operando all'interno dell'Aeronautica Cobelligerante Italiana; fu equipaggiato con i caccia

Macchi M.C.205 ex Regia Aeronautica e con i Supermarine Spitfire Mk.VB ceduti dalla Royal Air Force, operando prevalentemente nel teatro bellico dei Balcani. Dal gennaio al giugno 1944 è stato comandato da Duilio Fanali. Nel dopoguerra, il 51° Stormo, equipaggiato con Spitfire Mk.IX e gli statunitensi ex USAAF North American P-51 Mustang e Republic P-47 Thunderbolt, si trasferì sull'aeroporto di Treviso-Sant'Angelo. Dino Ciarlo ha prestato servizio prima come comandante della 379ª Squadriglia dal marzo 1947 al novembre 1948, poi come comandante del 21° Gruppo dal novembre 1951 al marzo 1954, infine come comandante del reparto volo della 51ª Aerobrigata dal 1955 al maggio del 1957.

Il 1° febbraio 1953 il 51° Stormo divenne 51ª Aerobrigata iniziando a operare sull'aeroporto di Istrana, in provincia di Treviso. Stelio Nardini venne assegnato nel 1953 al 51° Stormo cacciabombardieri ed intercettori ogni tempo di Istrana, ha comandato la 351ª Squadriglia del 21° Gruppo ed è stato capo ufficio operazioni del 21° Gruppo.

Negli anni successivi la linea di volo dell'Aerobrigata vide avvicendarsi i Republic F-84G Thunderjet, i Republic F-84F Thunderstreak, i North American F-86K Sabre e, per un breve periodo, anche i Fiat G.91R. Franco Pisano, futuro Capo di stato maggiore dell'Aeronautica Militare, ha volato con lo stormo fra il 1955 e il 1957. Adelchi Pillinini dal 1956 al 1959 ha volato presso il 22° Gruppo.

Nel settembre 1963 fu la volta dei Lockheed F-104G Starfighter. Nel settembre 1967 l'Aerobrigata tornò a essere 51° Stormo.

Nel giugno 1969 il 22° Gruppo del 51° Stormo fu il primo reparto dell'A.M. equipaggiato con l'F-104S.

Nardini dopo aver comandato il 21° Gruppo negli anni 60 fra il 1972 e il 1974 è stato prima vice comandante e poi comandante dello Stormo.

Il 13 ottobre 1973 il 155° Gruppo lasciò il 50° Stormo e venne assegnato al 51° Stormo alla Base di Istrana, fino al 1° gennaio 1985 quando venne riassegnato al 6° Stormo alla Base di Ghedi, iniziando la conversione al nuovo velivolo multiruolo "Tornado". La denominazione del Gruppo passò da CB a CBOC.

Nel gennaio 1989, al 51° Stormo venne assegnato il 103° Gruppo, il primo operativo sul caccia italo-brasiliano AMX. Lo Stormo, a partire dal 1993, ha svolto operazioni aeree nei cieli della ex Yugoslavia nell'Operazione Deny Flight anche indirettamente, ospitando e dando assistenza logistico-operativa al 333° Gr. volo di Strasburgo presente con velivoli Mirage F1 (Kodak). Dopo il collocamento in posizione "quadro" del 22° Gruppo, il 25 febbraio 1999, nel 51° Stormo fu inquadrato un secondo gruppo AMX, il 132° del disciolto 3° Stormo di Villafranca. Lo stesso anno, il 103° e il 132° Gruppo parteciparono all'operazione Allied Force svolgendo missioni nei cieli della Bosnia a supporto dei contingenti NATO.

Per l'operazione ISAF (International Security Assistance Force), nel 2006, la Bandiera di Guerra del Reparto è stata rischierata presso l'Aeroporto Khawaja Rawash (Afghanistan), a costituzione della Task Force – Air Kabul, dotata di elicotteri AB.212.

Dal 4 novembre 2009 la Bandiera di Guerra del Reparto è stata rischierata nel teatro afghano, in virtù della costituzione del Task Group 'Black Cats', fino al 20 giugno 2014 dotata di velivoli AMX nell'ambito della Joint Air Task Force (JATF). Lo Stormo nel 2011 ha operato dalla base aerea di Trapani Birgi a supporto delle operazioni aeree per la risoluzione della Prima guerra civile in Libia, con velivoli AMX facenti parte della coalizione NATO nel contesto dell'operazione Unified Protector (Intervento militare in Libia del 2011), in adempimento delle risoluzioni 1970 e 1973 dell'ONU.

Il 29 luglio 2014 il 51° Stormo ha ricevuto il 101° Gruppo O.C.U. (Operational Conversion Unit).

Alle dipendenze del 51° Stormo "Ferruccio Serafini", dislocato sull'aeroporto di Istrana (Treviso), operano il 103° Gruppo Caccia Bombardieri ("Davide Velut"), il 132° Gruppo Caccia Bombardieri Ricognitori ("I quattro gatti") su

AMX, il 101º Gruppo O.C.U. (Operational Conversion Unit) su AMX ed AMX-T,[6] il Gruppo Manutenzione Aeromobili (GEA), il 451º Gruppo STO, il 551º Gruppo SLO e il Gruppo Protezione delle Forze.

Capitano Franco Lucchini

Franco Lucchini, Capitano della Regia Aeronautica, fu un eroe di guerra della seconda guerra mondiale decorato con la medaglia d'oro al valore militare alla memoria. Con 22 abbattimenti fu tra i migliori assi della Regia Aeronautica Italiana durante Guerra civile spagnola e la Seconda guerra mondiale. Secondo alcune fonti, il bilancio bellico assommerebbe a 26 vittorie aeree individuali (e ulteriori 52 condivise con altri piloti), inclusi i 5 abbattimenti ottenuti in Spagna.

Franco Lucchini nacque a Roma il 24 dicembre 1917.

La sua passione per il volo fu stimolata dai racconti di due amici di famiglia come Gian Giacomo Chiesa, direttore della scuola di pilotaggio di Cerveteri, e il colonnello Bertolini, comandante dell'aeroporto di Furbara, poi caduto nei cieli d'Etiopia. Lucchini entrò a far parte della Regia Aeronautica come ufficiale di complemento nel 1935; ottenne il brevetto di pilota militare presso la Scuola Aeronautica di Foggia nel luglio 1936 e venne in seguito assegnato alla 91ª Squadriglia Aeroplani da Caccia del 4° Stormo. Nel 1937 Lucchini decise di partire volontario per la guerra civile spagnola. Il 22 luglio si imbarcò a Ostia su un cargo diretto a Cadice. Fu assegnato alla 19ª Squadriglia, 23° Gruppo Caccia Aviazione Legionaria, basato a Torridoe ed equipaggiato con caccia biplani Fiat C.R.32. Durante il conflitto civile spagnolo, a Lucchini vennero accreditare 5 vittorie aeree, nel corso di 122 missioni di volo. Fu a sua volta abbattuto due volte, la seconda, il 22 luglio 1938, dai Polikarpov I-16 di scorta, dopo aver fatto precipitare un bombardiere Tupolev ANT-40 (Tupolev SB-2).

Lanciatosi con il paracadute, venne fatto prigioniero ma riuscì a scappare nel febbraio 1939. Le sue vittorie in Spagna gli valsero la promozione al ruolo di ufficiale di ruolo effettivo e una Medaglia d'Argento al Valor Militare. Tuttavia il numero dei suoi abbattimenti in Spagna è, secondo alcuni storici, sovrastimato, forse nell'intento di farlo apparire, davanti all'opinione pubblica, come il "Baracca della seconda guerra mondiale".

Secondo alcune fonti, in effetti, in Spagna, Lucchini avrebbe ottenuto solo una vittoria confermata, oltre ad altre in collaborazione con altri piloti. Al termine della guerra civile Lucchini rientrò al suo reparto d'origine per poi passare alla 90ª Squadriglia dello stesso Stormo Caccia nell'aprile 1940.

La 90ª Squadriglia, dopo essere stata riequipaggiata con il nuovo caccia Fiat C.R.42, venne inviata in Africa settentrionale, dove l'11 giugno 1940 Lucchini volò per la prima missione di guerra a protezione di Tripoli. Il 21 giugno, attaccava uno Short Sunderland, già attaccato senza risultato da un altro Fiat C.R.42 e da due C.R.32 al largo di Tobruk; Lucchini colpì il grosso aereo inglese, lasciandolo con due motori che fumavano. Non ne rivendicò la distruzione, ma due giorni dopo, dalla base navale di Bardia comunicavano che un aereo di quel tipo era stato trovato affondato, con pesanti danni e solo un membro dell'equipaggio sopravvissuto, anche se ferito. Pur essendo una vittoria di Lucchini, l'abbattimento fu attribuito anche agli altri tre piloti. Nella grande battaglia aerea del 4 agosto 1940 sulla Ridotta Capuzzo, Lucchini, tenente della 90ª Squadriglia, abbatteva un Gloster Gladiator con 385 colpi, nei pressi di El Adem. Si trattava molto probabilmente di quello pilotato dal Flight Lieutenant Marmaduke Pattle "Pat", destinato a diventare uno dei più grandi "assi" alleati , con circa 50 aerei abbattuti, e con il più alto numero di velivoli italiani abbattuti nella seconda guerra mondiale; del suo abbattitore notò come fosse un eccezionale tiratore, in grado di calcolare con grande accuratezza la traiettoria dei proiettili e quella dell'aereo avversario. Durante questo primo ciclo operativo in Nord Africa, a Lucchini furono accreditate 3 vittorie aeree individuali e 15 in collaborazione, nel corso di 94 missioni e 13 combattimenti aerei. Fu decorato con una seconda Medaglia d'argento al Valor Militare e due Medaglie di Bronzo al Valor Militare. Agli inizi del 1941 la 90ª Squadriglia venne inviata in Italia per essere riequipaggiata con i nuovi caccia Macchi M.C.200 e successivamente, il 16 giugno 1941, a Trapani in Sicilia per partecipare alle operazioni contro l'isola di Malta.

Il 27 giugno 1941 abbatteva un Hawker Hurricane, e successivamente condivise molte altre vittorie con i suoi compagni. Nel settembre 1941, Lucchini fu nuovamente decorato con una Medaglia d'Argento al Valor Militare e, nel dicembre dello stesso anno, venne nominato comandante della 84ª Squadriglia; poco dopo la promozione, l'unità venne inviata a Udine per essere riequipaggiata con i caccia Macchi M.C.202.

Il 3 aprile 1942, il 4º Stormo iniziava a tornare in Sicilia, dove era stato basato nel novembre e nel dicembre del 1941, con l'arrivo del 10º Gruppo, proveniente da Roma-Ciampino, a Castelvetrano. L'unità, forte di 26 nuovi Macchi M.C.202, era guidata proprio da Lucchini, al momento accreditato dell'abbattimento di 14 aerei nemici, più uno in collaborazione. Il 9 maggio

Lucchini guidò su Malta altri 15 piloti su Macchi 202, di scorta a cinque CANT Z. 1007bis. Trentatré Spitfire attaccarono la formazione.

La RAF dichiarò l'abbattimento di 3 bombardieri e un caccia; in realtà tutti gli aerei italiani rientrarono alla base, con solo un Folgore colpito da un proiettile da 20 mm. Lucchini rivendicò un Supermarine abbattuto, ma la RAF non dichiarò perdite.

Il 22 maggio 1942, l'intero 4º Stormo, dopo aver riequipaggiato i suoi caccia con filtri di aspirazione tropicalizzati, venne nuovamente inviato in Nord Africa, presso Martuba per partecipare all'offensiva italo-tedesca dal generale Rommel contro le truppe inglesi.

Lucchini ai comandi di un M.C.202

Il 4 giugno, Lucchini rivendicava l'abbattimento di un P-40 nel cielo di Bir Hacheim e il 17 giugno abbatteva un altro P-40 su Sidi Rezegh. Il 10 luglio 1942, guidava altri 10 Macchi 202 dell'84a Squadriglia, prima di scorta a dei C.R.42 del 158º Gruppo nell'area di El Alamein, e poi in una missione di caccia libera. Lucchini avvistò una formazione di 15 CurtissP-40 e portò la sua formazione all'attacco.

I Curtiss formarono un cerchio difensivo Lufbery; dopo trenta minuti, esaurite le munizioni, i Macchi tornarono alla base.

Lucchini rivendicò l'abbattimento di un P-40 (altri sette vennero dichiarati abbattuti dai piloti della sua formazione e della 90ª Squadriglia).

Il 2 settembre, alle 06:00, Lucchini è in volo con altri 17 Macchi del 10° Gruppo guidati dal Maggiore Giuseppe D'Agostinis in una missione di caccia libera. Incontrarono due formazioni di 18 Douglas Boston e una di 12, scortati da 35 Spitfire sull'area di Bir Mseilikh; nel combattimento che ne seguì Lucchini dichiarò l'abbattimento di un Boston e di uno Spitfire. Gli operatori del radar tedesco Freya il 20 ottobre tardarono a identificare una numerosa formazione di aerei alleati e Lucchini, con altri 13 piloti del 4° Stormo, intercettarono 24 Boston e Lockheed Hudson ancora in azione su Fuka, scortati da 30 P-40 e 20 Spitfire. Lucchini danneggiò un Hudson (l'intero 4° Stormo rivendicò l'abbattimento di 24 aerei nemici) ma il suo M.C.202 fu danneggiato da un colpo di cannoncino da 20 mm e fu costretto a compiere un atterraggio di emergenza. Il 24 ottobre 1942, Lucchini venne ferito a un braccio e alle gambe durante una missione di volo.

Inviato immediatamente presso l'ospedale di Fuka venne poi rimandato in Italia per un periodo di convalescenza. Durante questo secondo turno in Africa Lucchini meritò una Croce di Ferro di seconda classe conferita dagli alleati tedeschi per il coraggio dimostrato in azione. All'inizio del 1943 la sconfitta italo-germanica in Nord Africa portò al rischieramento del 4° Stormo in Italia per cercare di contrastare eventuali sbarchi sulle coste siciliane da parte delle forze alleate. Tra i mesi di gennaio e giugno il reparto venne parzialmente riequipaggiato con i nuovi caccia Macchi M.C.205. Lucchini rientrò in servizio nel marzo 1943 e venne promosso al comando del 10° Gruppo.

Il 5 luglio 1943 Lucchini, ai comandi di un Macchi M.C.202, decollava alle 10:25, con altri 26 M.C.202 e M.C.205 del 4° Stormo per intercettare 52 bombardieri scortati da decine di caccia Supermarine Spitfire, diretti a bombardare gli aeroporti attorno a Catania. Il Capitano Lucchini comandava il 10° Gruppo, formato dall'84a, dalla 90a e dalla 91a Squadriglia.

Sulla verticale di Gerbini, Lucchini, dopo avere abbattuto un caccia di scorta (la sua 26ª vittoria) attaccava la formazione di B-17, che incontrava per la prima volta. Dopo aver danneggiato diversi bombardieri il caccia di Lucchini fu visto precipitare, con il tettuccio chiuso, a pochi chilometri a est di Catania. Il corpo di Lucchini fu ritrovato due giorni più tardi.

Alla sua morte, Lucchini era stato decorato con cinque Medaglie d'argento al valore militare, una Medaglia di bronzo al valore militare, tre Croci di guerra al valor militare e una Croce di Ferro tedesca di seconda classe. Era stato citato sul Bollettino di Guerra il 5 settembre 1942 e il 6 luglio 1943. Le sue vittorie erano state ottenute in 70 combattimenti aerei nel corso di 262 missioni di combattimento.

Nel 1952 venne decorato alla memoria con la Medaglia d'Oro al Valor Militare postuma.

La sua salma riposa presso il Sacrario dell'Aeronautica Militare presso il cimitero del Verano a Roma.

Esemplari

Macchi C.202 "73-7/M.M. 9667 (numero di serie. 366)"

Attualmente in mostra presso il Museo Storico dell'Aeronautica Militare Italiana di Vigna di Valle, nei pressi di Bracciano, questo C.202 è stato costruito dalla Breda nei primi mesi del 1943 come un campione della Serie XI. Nel marzo 1943 fu assegnato al 54° Stormo della Regia Aeronautica e successivamente servì nel 5° Stormo, con l' Aeronautica Cobelligerante. Dopo la guerra è stato utilizzato come aereo da addestramento presso l'Accademia Navale di Livorno.
Attualmente l'aereo ha i segni dell'asso Giulio Reiner; purtroppo non tutte le parti del velivolo sono originali (un pannello del cofano motore proviene da un Macchi M.C. 205 Veltro).

Macchi C.202 "M.M. 9476"

Indicato come appartenente alla 90ª Squadriglia, 10° Gruppo, 4° Stormo, è raffigurato nella della Galleria 205 sopra il diorama della Seconda Guerra Mondiale presso il National Air and Space Museum, Smithsonian di Washington. Il restauro è stato completato a metà del 1970. Nessuna marcatura di identificazione è stata trovata; potrebbe essere in origine una serie VI o IX, probabilmente l'M.M. 9476 prototipo.

Macchi M.C. 205

Ultimo della serie dei caccia dell'Ing. Castoldi prodotto in serie dall'Aeronautica Macchi a partire dal 1942, il Macchi M.C. 205 Veltro è stato indubbiamente il miglior velivolo da caccia italiano impiegato nell'ultima guerra mondiale, finalmente all'altezza degli avversari alleati, anche se entrò in linea troppo tardi e in quantità troppo ridotte per poter influenzare le sorti del conflitto, ormai segnate. Assieme al Reggiane Re.2005 e al Fiat G.55, il Macchi M.C. 205 era uno dei tre caccia italiani della "serie 5" (questi aerei sono caratterizzati dall'ultima cifra del loro nome), pensata per impiegare il motore tedesco Daimler-Benz DB 605.

Il nome Veltro ricorda il celebre cane da caccia che salverà l'Italia, citato da Dante nella Divina Commedia.

Il motto "Incocca, tende, scaglia" sulla fusoliera è ancora oggi utilizzato dalla Prima Brigata Aerea Operazioni Speciali.

Il Veltro fu uno sviluppo del Macchi M.C.202 Folgore e fu impiegato dalla Regia Aeronautica a partire dal febbraio 1943e concluse la sua attività con l'aeronautica egiziana e italiana a inizio degli anni cinquanta. In grado di raggiungere una velocità massima di 642 km/h, equipaggiato con un paio di cannoncini da 20 mm o con 2 mitragliatrici Breda-SAFAT da 12,7 mm, il Macchi M.C.205 fu secondo alcuni, tra i migliori aerei italiani della seconda guerra mondiale.

In combattimento si rivelò in grado di competere con gli aerei nemici dell'epoca, distruggendo diversi bombardieri nemici e fronteggiando agevolmente aerei da caccia come il North American P-51D Mustang, una capacità che spinse la Luftwaffe a utilizzare un certo numero di questi aerei per equipaggiare un proprio Gruppe.

Sebbene il Macchi M.C. 205 fosse in grado di confrontarsi con i migliori avversari in termini di velocità e manovrabilità, fu introdotto troppo tardi nel conflitto per poter essere di qualche impatto sulla battaglia aerea; inoltre, a causa della scarsa capacità industriale italiana, ne venne prodotto un numero limitato di esemplari prima della fine delle ostilità.

I principali assi dell'aviazione italiana conseguirono molte delle loro vittorie con il C.205: Adriano Visconti, il maggiore asso italiano, abbatté 11 delle sue

26 vittorie riconosciute con questo aereo; Luigi Gorrini, abbattendo 14 aerei nemici e danneggiandone altri sei, è stato il principale asso del Veltro.

Veloce e potentemente armato, eccezionalmente maneggevole, grande arrampicatore, facile da pilotare, robustissimo, il C. 205 alla sua entrata in linea era, per certi aspetti, il miglior caccia dell'Asse, a quote medio-basse. Nettamente superiore a Hawker Hurricane e P-40, risultava più manovrabile e più rapido in salita, fino ai 6.000 metri, di Thunderbolt, Lightning e perfino dello Spitfire V-C.

In azione si dimostrarono estremamente efficaci. I Veltro che volarono per la Repubblica di Salò distrussero un gran numero di bombardieri alleati e affrontarono con successo il formidabile P-51 Mustang.

Ma il C. 205, come lo Spitfire, era complesso da costruire e, pertanto, costoso. Fu progettato dall'ingegnere Mario Castoldi. Era sostanzialmente un'evoluzione del precedente Macchi M.C. 202 Folgore, ottenuta grazie all'installazione, nella stessa cellula, di un motore Fiat RA 1050 RC 58 Tifone, versione italiana costruita su licenza del Daimler-Benz DB 605 da 1.475 hp, e di un armamento più potente.

In realtà, il vero nuovo caccia della "serie 5" dell'ingegner Castoldi avrebbe dovuto essere il più avanzato Macchi M.C. 205N Orione (N dovrebbe stare per "Nuovo"), di cui vennero allestiti due prototipi. La Regia Aeronautica, però, pensò bene di iniziare la produzione di massa del Veltro, per il quale potevano essere utilizzate le linee di montaggio del C.202, e lasciar perdere l'Orione, che avrebbe richiesto una lunga operazione di modifica dei macchinari di costruzione.

Il primo prototipo, già con armamento della I serie, volò il 19 aprile 1942 sul campo di Lonate Pozzolo (VA) pilotato dal capo collaudatore della Aer Macchi Guido Carestiato. Ma la vera vincitrice del concorso del Ministero dell'Aeronautica fu la Fiat, che, però, si trovò in difficoltà e in ritardo con l'allestimento delle catene di montaggio, dato che il suo Centauro era totalmente diverso dai G. 50 delle precedenti produzioni Fiat: se ne costruirono, quindi, pochi esemplari di serie che furono operativi solo verso il termine del conflitto mondiale.

Nelle prove comparative fra i tre contendenti il C. 205 risultò essere più veloce a quote medie e basse rispetto al Re 2005 e al G. 55 e più robusto, ma al di sopra degli 8.000 metri le prestazioni avevano un calo notevole, mentre i concorrenti mantenevano buone doti di manovrabilità con un armamento un po' più pesante, grazie a un cannoncino Mauser (MG 151/20) calibro 20 mm in più.

I motivi di queste carenze del C. 205 erano dovute soprattutto all'ala, che era rimasta praticamente invariata dal Macchi C. 200 Saetta, con un incremento però del peso totale da 2.350 kg a 3.408 kg e del carico alare da 142,2 kg/m^2 a 202,8 kg/m^2 (dati del C. 200 VI serie e del C. 205 V III serie).

Un problema della Aer Macchi, e purtroppo di tutta l'industria bellica italiana, fu l'incapacità di non poter garantire un buon quantitativo di aerei, in quanto produceva solo 1,5 caccia al giorno; ciò era anche dovuto non solo ai bombardamenti subiti, ma anche alla mancanza di vie strategiche per il reperimento di materiali strategici, in particolare elementi leganti per gli acciai, dato che le scorte stavano esaurendosi e sui teatri di guerra i tecnici erano costretti a cannibalizzare aerei non più operativi per utilizzarne i pezzi di ricambio.

Anche una complessa conformazione della struttura dell'ala non facilitava la produzione: longheroni e centine, suddivise a loro volta da becchi e code di centina, avevano una struttura a tralicci ideale per robustezza ma laboriosa da riprodurre e certo non economica per abbreviare i tempi di costruzione.

Solo tre M.C. 205 sono sopravvissuti

Il primo è quello attualmente conservato al Museo della Scienza, che ha avuto la fortuna di tornare a volare nel 1981, grazie a una paziente opera di restauro. Dopo molti problemi dovuti, ad esempio, alla difficoltà per un pilota di oggi di pilotare un aereo della seconda guerra mondiale, e a numerose disavventure (al primo tentativo di decollo il carrello non rientrò e l'aereo si danneggiò durante l'atterraggio di emergenza), finalmente il 21 aprile 1981 il C.205 venne presentato ufficialmente all'aeroporto di Cameri, in una manifestazione organizzata dall'Aeronautica Militare e dalla Aer Macchi.

Nel pomeriggio, finalmente, l'aereo apparve scortato da due F. 104 S del 53 stormo e accompagnato, dietro a questi da un MB 339. Durante il secondo passaggio si effettuò la classica apertura: i due F. 104 virarono all'esterno per scomparire rapidamente, l'MB 339 si arrampicò in verticale cedendo il passo al migliore caccia italiano della seconda guerra, in mostra con passaggi veloci e fulminee arrampicate, virate strette e tonneaux lenti, grazie alla potenza del suo motore.

L'anno seguente il Veltro venne portato in volo sempre dal comandante Bonazzi da Varese a Parigi (scortato da un MB 339) con uno scalo per il rifornimento nella Svizzera Francese e uno nella pianura francese, per essere presentato al Salone di Le Bourget. In questa famosa manifestazione il nostro caccia ottenne grande successo e ammirazione fra i partecipanti, tanto che si dovette ripetere i voli ogni giorno con comprensibile preoccupazione fra i tecnici, responsabili del buon funzionamento della macchina.

Adesso il caccia italiano più famoso della seconda guerra mondiale che ha volato a Cameri nel 1981, si può ammirare nel Museo di Milano.

L'introduzione in servizio del Macchi C.202 nei reparti della Regia Aeronautica, iniziata nell'estate del 1941, costituì un evidente salto di qualità rispetto al materiale di volo allora in servizio rappresentato da Fiat C.R.42, Macchi C.200 e Fiat G.50.

Lo Stato maggiore della Regia Aeronautica aveva, comunque, iniziato a esaminare la possibilità di una nuova generazione di aerei da caccia che, in virtù della maggiore potenza installata, fossero in grado di assicurare prestazioni elevate anche in presenza di un incremento di peso generato da una variazione nell'armamento, che doveva essere costituito da cannoni, e nell'equipaggiamento disponibile.

In vista dell'acquisizione da parte del Ministero dell'Aeronautica della licenza di costruzione del motore Daimler-Benz DB 605A, l'ingegner Mario Castoldi (capo progettista della Macchi) iniziò a lavorare su due diversi progetti: uno, di sviluppo più lungo, denominato M.C.205N e destinato a partecipare al concorso ministeriale per i nuovi caccia della cosiddetta Serie 5, l'altro di più immediata realizzazione denominato, inizialmente, M.C. 202 Bis che prevedeva l'installazione del più potente motore Daimler Benz 605A sulla cellula del C.202 Folgore. La Macchi s'impegnava a consegnare il primo velivolo dopo soli tre mesi dalla consegna del motore.

Il Macchi M.C. 205 Veltro, progettato sempre dall'Ing. Castoldi, era, quindi, sostanzialmente un'evoluzione del precedente Macchi M.C. 202 Folgore, ottenuta grazie all'installazione, nella stessa cellula, di un motore Fiat RA 1050 RC 58 Tifone, versione italiana costruita su licenza del Daimler-Benz DB 605 da 1.475 hp, che sviluppava circa 300 hp in più dell'Alfa Romeo RA.1000 RC.41 Monsone (costruzione su licenza del Daimler-Benz DB 601) usato sul Folgore, e di un armamento più potente.

La parentela tra 202 e 205 era cosi stretta che in un primo momento la nuova versione non solo venne denominata C.202 Bis, ma non fu neppure prevista la realizzazione di un vero prototipo, perché si procedette a modificare direttamente un 202 della IX serie, l'esemplare M.M. 9487.

Con la potenza portata dai 1.175 hp al decollo del DB.601A ai 1.475 al decollo del DB605A fu possibile incrementare la velocità, l'armamento e ridurre i tempi di arrampicata, miglioramenti senza i quali era impossibile battersi ad armi pari con i più moderni caccia avversari.

Esteriormente, le differenze rispetto al C.202 erano minime: cambiava l'ogiva dell'elica, di dimensioni maggiori per accogliere il più ingombrante riduttore dei DB.605, il carrello posteriore diventava retrattile e il radiatore dell'olio era sdoppiato assumendo la caratteristica forma "a barilotto".

Lo sdoppiamento del radiatore dell'olio si era reso necessario per consentire al flusso d'aria di raggiungere più agevolmente il radiatore del liquido refrigerante posto subito dietro.

Le modifiche consentirono di sfruttare al meglio la maggiore potenza del motore, ma alterarono la linea particolarmente raffinata del Folgore. Dei caccia della "Serie 5" (M.C.205, Fiat G.55 e Reggiane Re.2005) fu, comunque, quello prodotto nel maggior numero di esemplari. In realtà, il vero nuovo caccia della "Serie 5" dell'ingegner Castoldi avrebbe dovuto essere il più avanzato Macchi C.205N Orione, di cui vennero allestiti due prototipi. La Regia Aeronautica, però, pensò bene di iniziare la produzione di massa del Veltro, per il quale potevano essere utilizzate le linee di montaggio del C.202, e lasciar perdere l'Orione, che avrebbe richiesto una lunga operazione di modifica dei macchinari di costruzione. In maniera analoga a quanto stava contemporaneamente accadendo in Gran Bretagna con lo Spitfire IX, derivato "provvisorio" dello Spitfire V, la versione pensata come intermedia sostituì quella definitiva.

La disponibilità numerica, vista la produzione che realizzò circa 181 esemplari prima del settembre 1943 (128 entro i primi 7 mesi dell'anno), fu dimezzata al tempo dell'Armistizio a causa delle perdite subite per incidenti e per azioni nemiche. La produzione venne ripresa nell'ottobre successivo e definitivamente sospesa dopo che le officine Macchi rimasero gravemente danneggiate dai bombardamenti del 30 aprile 1944. La Serie II, 300 macchine, era stata assegnata alla Fiat-Aeritalia, ma, a causa del solito frazionamento e rivalità tra le industrie aeronautiche, la precedenza fu data al G.55 che, anche se era più moderno, era in ritardo e la cosa non ebbe seguito.

Rispetto al Bf 109 (e anche ai suoi concorrenti della "Serie 5", il Fiat G. 55 e il Reggiane 2005) il Macchi, però, aveva il difetto di una progettazione artigianale, che si traduceva in più lunghi tempi di lavorazione. Le ore di lavoro necessarie per realizzare l'aereo si aggiravano, infatti, attorno alle 20.000, circa il triplo rispetto al BF 109G (ma non molto diverse da quelle necessarie per assemblare uno Spitfire). Nella pratica, però, questo difetto, che il Macchi M.C.205 condivideva con il suo predecessore M.C.202 (per assemblare il quale erano necessarie 18.000 ore di lavoro), non condizionò mai la velocità di produzione dell'aereo.

Gli stabilimenti di produzione dei caccia della serie intermedia e della Serie 5, infatti, lavorarono sempre a ritmo ridotto rispetto alle loro possibilità, data la lentezza dell'Alfa Romeo e della Fiat nel fornire loro i motori necessari e a causa della sempre maggiore difficoltà nel reperire materiali strategici per le costruzioni aeronautiche: il ritmo di produzione era di circa 12 Veltro al mese, quando si era riusciti a produrre un numero di Macchi 202 tre volte superiore.

Nell'insieme il Macchi M.C.205V era un ottimo aereo: Luigi Gorrini, uno dei migliori assi italiani della guerra, con 19 abbattimenti accreditati, rimarcò persino le sue doti di veleggiatore a motore spento, quando riuscì a rientrare planando dal Volturno a Pratica di Mare, con il motore colpito da proiettili e grippato per surriscaldamento.

"Il 205 - ricorda Gorrini - era manovrabile come una bicicletta. Si poteva atterrare in scivolata d'ala come con il Fiat C.R.42. Ma forniva pure un'eccellente piattaforma di tiro, anche più solida di quanto avesse calcolato il produttore. Aveva anche un perfetto centraggio, che permetteva di decollare

con il trim a zero. Questa sua caratteristica lo faceva preferire al Messerschmitt Bf 109 che, anche se più potente, aveva i comandi più duri".

Come tutti i caccia che ebbero un'evoluzione motoristica durante la guerra, il C.205, subì, però, il fenomeno dell'aumento del carico alare; man mano che motori e armamenti sempre più grandi, potenti e pesanti venivano installati su cellule e, soprattutto, piante alari, che erano sostanzialmente sempre le stesse, gli aerei guadagnavano velocità, ma perdevano agilità e diventavano più facili allo stallo. Sul C.205, che derivava la sua pianta alare dal leggero C.200, rispetto al quale pesava, a pieno carico, il 50% in più, il fenomeno causava una progressiva perdita di sensibilità dell'aereo ai comandi del pilota a partire dai 7.000 metri di quota. Per questo il Macchi M.C.205 venne selezionato dalla Regia Aeronautica come intercettore da quote basse e intermedie, mentre per l'alta quota gli venne preferito il Fiat G.55, che aveva cellula e ali completamente ridisegnate rispetto al predecessore G.50. In termini operativi, i piloti italiani furono molto contenti di avere una macchina all'altezza dei tempi, che, per velocità e potenza di fuoco, consentiva un salto di qualità notevole rispetto ai predecessori della serie intermedia. A riprova di questo fatto si può riportare l'impresa di Luigi Gorrini, che riuscì ad abbattere tre aerei nemici (due B-17 e un P-38, tutti confermati, diretti a bombardare una divisione tedesca presso Sulmona) già nella sua prima missione con questo aereo.

Negli ultimi mesi, prima dell'armistizio, vennero derivati diversi prototipi per caccia d'alta quota; tra questi il più famoso è il C.205N-1 Orione, che presentava un'ala di maggior dimensione (19 m²) e armato con un cannoncino da 20 mm sparante nel mozzo dell'elica, oltre a quattro mitragliatrici da 12,7 mm, due nelle semiali e due nella fusoliera.

L'N-2, invece, presentava un differente armamento, con tre cannoncini aeronautici calibro 20 mm (due al posto delle mitragliatrici delle ali) e due mitragliatrici calibro 12,7 mm.

L'aumento della superficie alare a parità di potenza del motore non era stato però senza conseguenze sulle prestazioni; la velocità massima indicata calava da 642 a 629 km/h, mentre il tempo per salire a 8.000 metri era aumentato da circa 9 a 10 minuti. Venne avviata anche la fase di progetto di due nuovi modelli con una maggiore superficie alare:

- M.C. 206: simile all'Orione ma da motorizzare con il Daimler-Benz DB 603 da 1.750 hp, dotato di un'ala dalla superficie alare incrementata a 21 m², velocità 640/700 km/h, armamento: 1ª versione 2 mitragliatrici calibro 12,7 mm in fusoliera e 3 cannoncini calibro 20 mm, uno situato nel mozzo dell'elica e gli altri due sulle ali; 2ª versione quattro cannoncini alari calibro 20 mm.

- M.C. 207: simile al 206 in quasi tutti gli aspetti (il peso massimo passava però da 3.650 a 4.340 kg), montava fin dall'inizio il DB 603 e la velocità stimata saliva a 700/740 km/h. L'armamento era di quattro cannoncini MG 151/20 calibro 20 mm nelle ali.

Ma nessuno dei due velivoli arrivò alla costruzione completa del prototipo a causa della situazione deteriorata a tutti i livelli e i pesanti bombardamenti Alleati che erano indirizzati principalmente ad arrestare la costruzione dei C.205.

Nelle ultime settimane di guerra nell'estate del 1943, dodici Veltro furono trasformati in foto ricognitori con l'installazione in fusoliera, dietro al posto di pilotaggio, di una macchina foto planimetrica tedesca a controllo elettrico Riehenbildner RB50/30 con lenti Zeiss e pellicola 30 x 30 cm. La modifica comportò lo sbarco dell'impianto radio e della relativa antenna a stilo, del serbatoio posteriore da 80 litri, l'apertura di un foro sul fondo della fusoliera, occultabile con un comando del pilota, e il montaggio di un temporizzatore nell'abitacolo.

La conversione venne effettuata a Guidonia e prevedeva anche la possibilità di agganciare due serbatoi da 100 o 150 litri agli appositi travetti sub-alari, allo scopo di incrementare il raggio di azione. Il reparto che impiegò la versione RF Fu la 110a Squadriglia JIO, Squadriglia Caccia Aerofotografica comandata dal capitano Adriano Visconti. La squadriglia venne costituita a Guidonia (Roma) il 30 giugno 1943 e fu il primo reparto a impiegare caccia trasformati in ricognitori.

Tecnica

Il Macchi M.C. 205 era un velivolo da caccia, monoplano ad ala bassa a sbalzo, monomotore, monoposto a struttura interamente metallica; diretta evoluzione del Macchi C.202, ne differiva per il gruppo motopropulsore, per le modifiche apportate alla cappottatura motore, per lo spostamento della presa Venturi e altri interventi che riguardavano il carrello principale e la strumentazione di bordo.

La fusoliera metallica, con struttura a semiguscio, è costituita da quattro profilati in lega leggera con paratie ovoidali e correntini, rivestita in superavional, e un totale di diciannove ordinate.

Il rivestimento lavorante era costituito da lamiera in lega di alluminio Superavional di spessore compreso tra 0,50 e 0,75 mm e terminava con un cono all'interno del quale era alloggiato il ruotino di coda, ammortizzato, orientabile e retrattile.

L'ala era bilongherone a sbalzo a profilo biconvesso, su 54 centine ed era suddivisa in tre parti: il pianetto centrale, solidale con la fusoliera, e le due semiali. Il bordo d'attacco delle semiali, nella sezione esterna a quella in corrispondenza delle gambe del carrello, era completamente asportabile e collegato al longherone anteriore mediante viti. Il bordo d'uscita era occupato dagli ipersostentatori, di tipo a spacco, e dagli alettoni, compensati aerodinamicamente.

Le due semiali, smontabili, si innestavano alla fusoliera mediante attacchi a pettine, semiali asimmetriche tra loro per contrastare la coppia dell'elica.

- La semiala destra aveva un'apertura di 4,32 metri e un peso di circa di 185 kg.
- La sinistra misurava 4,52 metri di apertura e pesava168 kg.

La costruzione era molto semplice e si componeva nelle due semiali unite a un tronco centrale solidale alla fusoliera; la costruzione era fatta in traliccio metallico; il rivestimento era in duralluminio con la sola eccezione dei due alettoni rivestiti in tela di cotone; sul bordo d'uscita alare erano installati degli ipersostentatori metallici divisi in quattro sezioni.

La prima ordinata, in corrispondenza del longherone anteriore dell'ala, portava anche i quattro attacchi del castello motore e fungeva da paratia parafiamma.

Gli attacchi superiori si trovavano sull'ordinata in corrispondenza dei due longheroni superiori della fusoliera, mentre quelli inferiori erano in corrispondenza del longherone del pianetto centrale delle semiali.

All'esterno della parte anteriore della fusoliera, sul lato sinistro, era situata la presa d'aria tropicalizzata dotata di filtri antisabbia Tipo A.S. (Africa Settentrionale) del turbocompressore del motore e i due radiatori dell'olio con la tipica forma a barilotto.

Appositi travetti per carichi sub-alari consentivano il trasporto di pesi sino a 320 kg (serbatoi o bombe).

Gli impennaggi avevano pianta quasi ellittica, su struttura bilongherone e rivestimento metallico per le parti fisse mentre le parti mobili erano rivestite in tela. Lo stabilizzatore era a calettamento regolabile in volo, tra -5°30' e 1°45'. Il timone era compensato aerodinamicamente mediante becco d'estremità e la stessa tecnica era usata per l'equilibratore, dotato anche di contrappesatura. Alettoni e timone non erano contrappesati e questa deficienza comportò il manifestarsi di fenomeni aeroelastici durante il volo alle massime velocità, erroneamente attribuiti a fenomeni di comprimibilità.

Anche il carrello d'atterraggio era basato su disegno di quello usato sul C.202 ed era costituito da tre elementi principali.

I due semicarrelli principali, dotati di ammortizzatori oleopneumatici, rientravano all'interno del vano alare con un movimento verso l'interno, mentre nei velivoli della IIIᵃ serie, sulla gamba del carrello principale erano presenti delle nervature di irrobustimento. L'ampia carreggiata del carrello e la sua robustezza consentivano al Macchi C.205 l'impiego anche su superfici semi preparate. Un punto debole del carrello d'atterraggio era la mancanza di un dispositivo di blocco meccanico nella posizione estratta, con il rischio d'incorrere in seri problemi nel caso di perdite del fluido idraulico del circuito che comandava l'estrazione delle gambe del carrello principale. La posizione assunta dal carrello era fornita al pilota da un indicatore meccanico, da uno elettrico e da uno acustico, i primi due posizionati sul cruscotto.

Al contrario, il ruotino di coda, orientabile, era parzialmente retrattile nel terminale della fusoliera mediante comando idraulico collegato allo stesso comando del carrello anteriore.

I piani di coda a sbalzo erano completamente metallici tranne le superfici mobili rivestite in tela; stabilizzatore a incidenza variabile in volo.

L'abitacolo del pilota, di dimensioni piuttosto ridotte, era chiuso con una cappottina ribaltabile sulla destra; il frangivento era munito di blindo vetro VIS-1. La visibilità era buona in volo ma problematica a terra per via del lungo muso.

Il seggiolino era corazzato e altre piastre blindate proteggevano le spalle del pilota. Alle spalle del sedile del pilota era installato il supporto dell'antenna a dipolo tipo Saren, il cui altro terminale era collegato alla deriva.

L'apparato rice-trasmittente era del tipo Allocchio Bacchini B30 a onde corte non quarzate, con antenna dapprima a stilo tipo SAREM e sostituita in seguito con una modello T.R.5043 di fabbricazione statunitense. Un radiogoniometro modello RG.42 era previsto come istallazione di serie ed era identificabile da una piccola antenna toroidale posizionata sul ventre della fusoliera.

Il carburante era contenuto in quattro serbatoi tutti in fusoliera, uno principale da 270 litri nel pianetto alare centrale, due da 40 litri ognuno ai lati del serbatoio principale e un terzo da 83 litri dietro le spalle del pilota, tutti protetti da rivestimento "SEMAPE", che richiude i fori prodotti dai proiettili ricevuti fino al calibro 12,7 mm.

L'applicazione di due serbatoi alari esterni e sganciabili da 100 o 150 litri era prevista in corrispondenza degli attacchi per l'armamento di caduta.

Anteriormente alla fusoliera si trovavano installati il serbatoio dell'olio lubrificante della capacità di 36 litri e il serbatoio dell'acqua della capacità di 12 litri.

Nella parte ventrale delle cofanature, fissati con appositi attacchi al motore, si trovavano i due radiatori dell'olio, mentre il radiatore dell'acqua si trovava sotto la fusoliera in corrispondenza della cabina di pilotaggio.

Il motore azionava un'elica tripala metallica tipo Piaggio P.2001 del diametro di 3,05 metri, a giri costanti e passo variabile in volo mediante comando elettro-meccanico.

L'avviamento del motore era elettrico.

L'iniezione della benzina, prima della messa in moto, avveniva con un iniettore pneumatico comandato da un deviatore che si trovava alla destra del pilota; l'aria mandata dall'iniettore proveniva dal circuito generale dell'aria compressa.

L'aria compressa era fornita da una bombola con riduttore che veniva riempita d'aria, a terra oppure in volo, da un compressore montato sul motore.

Due mitragliatrici Breda-SAFAT da 12,7 mm montate sopra la cappottatura motore, sincronizzate e sparanti attraverso il disco dell'elica, 400 colpi per arma; due cannoni Mauser da 20 mm alari con 250 colpi per arma. Il Macchi M.C.205 differiva dal C.202, per il diverso complesso motore-elica, per delle piccole modifiche nella capottatura oltre allo spostamento della presa Venturi, che era collegata anche al sistema di riarmo pneumatico delle armi di bordo, in alcuni dettagli riguardanti il carrello principale e a una nuova serie di strumenti ed equipaggiamenti introdotti nel corso della produzione.

Il Veltro aveva tempi di salita regolari che, nonostante la potenza esuberante, non superavano i 1.000 metri al minuto eccetto che per il primo km di quota, tanto che tra 4.000 e 5.000 metri il tempo era di 64 secondi, mentre tra 5.000 e 6.000 metri era di 63 secondi. Queste prestazioni non erano senza prezzo.

Sebbene nemmeno comparabili ai consumi dei moderni jet da caccia, anche i motori della seconda guerra mondiale bevevano grosse quantità di benzina avio. Per il Veltro, salire in sette minuti a 6 mila metri, tenendo i 2.300 giri significava un consumo variamente indicato in 60-80 litri di carburante con uno spazio percorso di circa 30-35 km (la migliore velocità di salita si aveva a 300 km/h). Questo significa che, a tale regime, l'intero ammontare di 430 litri di carburante sarebbe stato consumato in circa tre quarti d'ora. A proposito di carburante, il serbatoio principale da 270 litri era davanti al pilota, e dietro il motore.

Una sistemazione ideale in quanto molto vicino al baricentro (anche altri aerei, come lo Spitfire avevano la stessa soluzione, mentre non era così per il Bf-109 o il P-51, molto sensibile alle variazioni d'assetto), anche se con il grave rischio potenziale che un eventuale incendio investisse il posto di pilotaggio (pare che la cosa non fosse in pratica molto temuta grazie ai serbatoi autostagnanti, mentre era un grave problema con i primi Spitfire). Ma con il motore a 2.300 giri l'aereo volava per appena 525 km, sia pure a un'eccellente velocità di crociera di 585 km/h, consumando il carburante in meno di un'ora. Quando provvisto di serbatoi ausiliari, i dati danno per gli stessi valori un'ora e un quarto di funzionamento e 670 km di percorso. Questi valori, tuttavia, non sono congrui, perché aumentare di 200 litri il carburante avrebbe significato il 46% di carburante in più. Anche se l'autonomia chilometrica non poteva essere aumentata in uguale misura perché, a parità di consumo, la resistenza aerodinamica rallenta l'aereo, quella oraria dipende solo dal motore, il che significa un valore di circa un'ora e mezzo di volo. L'alternativa è che l'aereo, con il solo carburante interno, avesse solo 51 minuti di autonomia.

La discrepanza, a parte le imprecisioni di rilevazione, potrebbe essere spiegata in vari modi: l'uso o meno del serbatoio d'emergenza di 80 litri posteriore all'abitacolo (e altri due da 40 litri erano ai lati), oppure semplicemente il conteggio nell'autonomia calcolata del carburante necessario per salire in quota, quindi, detraendo 60-80 litri dal totale in cambio di 35 km percorsi. Questo lascerebbe all'aereo altri 50 minuti di volo a 585 km/h, che sommati ai sette della salita danno in effetti il valore di quasi un'ora di volo annunciata.

Questo probabilmente significa che aumentando il carburante di 200 litri si otteneva di prolungare l'autonomia di circa 180 km (fino a 670), il che è direttamente compatibile con un incremento dell'autonomia di circa 15-20 minuti, come riportato dalle fonti: posta una riduzione della velocità con i serbatoi esterni a circa 550 km/h (tipica di queste installazioni, ad esempio lo Spitfire Mk V trop senza e con il serbatoio ventrale ha un calo di circa 30 km/h), i 180 km di autonomia in più sono circa 20 minuti di volo, di nuovo in accordo con le fonti.

Se c'era da pattugliare a velocità ridotte, il Veltro poteva ridurre la velocità a 425 km/h a 1.670 giri; questo valore di velocità di crociera economica è pur sempre elevato a paragone di molti altri caccia, ma se esso rappresenta davvero la migliore velocità in rapporto al consumo, il Veltro non fa che confermare le sue doti di velocista. L'autonomia in tal caso era di 810-1.040 km per il trasferimento, ma non è chiaro se con o senza i serbatoi esterni. In termini orari equivaleva a 1 ora e 57 minuti / 2 ore e 29 minuti.

Caratteristiche tecniche

Dimensioni e pesi

- Lunghezza: 8,85 metri
- Apertura alare: 10,58 metri
- Altezza: 3,49 metri
- Superficie alare: 16,80 m2
- Carico alare: 194 kg/m2
- Peso a vuoto: 2.524 kg
- Peso carico: 3.224 kg
- Peso massimo al decollo: 3.408 kg
- Equipaggio: 1
- Esemplari: 262 (compresi il prototipo M.C.205V e i due prototipi M.C.205N)

Propulsione

- Motore: DB 605 A1 originale a dodici cilindri a V invertito; successivamente (su licenza) Fiat RA 1050 RC 58I "Tifone".
- Benzina avio: 95/100 ottani
- Potenza:
✓ 1.475 hp a 2.800 giri al decollo
✓ 1.310 hp a 2.600 giri s.l.m.
✓ 1.250 hp a 2.600 giri a 5.800 metri
✓ 1.355 hp a 2.800 giri a 5.800 metri
✓ 1.080 hp in regime massimo continuativo (2.300 giri) a 5.500 metri.

Prestazioni

- Velocità massima: 642 km/h a 7.500 metri
- Velocità di crociera: 580 km/h
- Velocità di stallo: 158 km/h
- Corsa di decollo: 285 metri

- Corsa di atterraggio: 310 metri
- Autonomia: 950 km
- Tangenza: 11.500 metri
- Velocità di salita:
  - ✓ a 1.000 metri - 0,41
  - ✓ a 2.000 metri - 1,37
  - ✓ a 3.000 metri - 2,28
  - ✓ a 4.000 metri - 3,44
  - ✓ a 5.000 metri - 4,48
  - ✓ a 6.000 metri - 5,53
  - ✓ a 7.000 metri - 7,60
  - ✓ a 8.000 metri - 9,90

Armamento

- Mitragliatrici: 2 Breda-SAFAT da 12,7 mm, montate sopra la cappottatura motore, sincronizzate, sparanti attraverso il disco dell'elica, 400 colpi per arma.
- Cannoni: 2 MG 151/20 calibro 20 mm, nelle ali, con 250 colpi per arma.
- Bombe: fino a 320 kg.

Versioni

M.M. 9487

- Primo prototipo

M.M. 9488

- Secondo prototipo

M.C. 205 Serie I

- Da 9288 a 9386: 99 esemplari da ottobre 1942 a giugno 1943.

M.C.205 Serie III

- Da 92153 a 92302: 150 esemplari - cento consegnati a settembre del 1943.

M.C.205 Serie VI

- Da 98218 a 98232: 15 esemplari - gli ultimi sei non consegnati.

Almeno dodici Veltro furono trasformati in fotoricognitori installando nella fusoliera una fotocamera planimetrica a controllo elettrico di progettazione tedesca (Reihenbildner RB50/30 - Zeiss FK 30) con ottica Zeiss 1:5, focale 50 cm e pellicola 30x30 cm, prodotta su licenza in Italia.
Per installare la macchina fotografica furono sbarcati il serbatoio da 80 litri posteriore e l'impianto radio con relativa antenna a stilo. Sul fondo della fusoliera fu praticato un foro per l'obiettivo della fotocamera, occultabile dal pilota e, nel contempo, fu installato un temporizzatore nell'abitacolo.
Le modifiche introdotte furono realizzate dal Reparto Tecnico di Guidonia nell'estate 1943; il personale tecnico del reparto provvide anche ad aggiungere su sei esemplari (M.M. 9365, 9369, 9374, 9378, 9381, 92157), che furono identificati come Ricognitori Fotografici Grande Autonomia, due travetti sub-alari per l'aggancio di due serbatoi supplementari da 100 o 150 litri.
La Macchi ricevette l'ordine di produrre tre velivoli al mese al fine di creare altre due sezioni di tre aerei ciascuna, in Calabria e in Puglia, capaci di operare nel Mar Mediterraneo centrale e medio-orientale.
Gli M.C.205 Ricognitori Fotografici (R.F.) furono assegnati alla 310ª Squadriglia Caccia aerofotografica comandata dal capitano Adriano Visconti, costituita a Guidonia il 30 giugno 1943, ma furono distribuiti anche ad altri reparti come il 1° Stormo e impiegati in missioni di ricognizione su Tunisia, Algeria, Canale di Sicilia, Malta.

Un Macchi M.C. 205 della Regia Aeronautica Cobelligerante durante le operazioni di rifornimento e riarmo.

Al momento dell'armistizio, la 310ª Squadriglia aveva in dotazione sei M.C.205 R.F., metà dei quali distaccati sull'aeroporto di Decimomannu.

Infine, otto Macchi C.205V (M.M. 9301, 9302, 9377, 9379, 9380, 9383, 92153 e 92164) furono, inoltre, trasformati, sempre a Guidonia, in ricognitori cinematografici, installando sul bordo di attacco della semiala sinistra, all'interno di una piccola carenatura, una cinepresa modello FM-62 CineAvia con 120 metri di pellicola. Questi esemplari furono anche utilizzati per riprendere scene di combattimento aereo da inserire nei filmati di propaganda.

Motore Fiat 1050 RC.58

L'apparato propulsore era costituito da un motore Daimler-Benz DB 605 A-1 costruito su licenza dalla FIAT con la denominazione FIAT RA.1050 RC. 58 "Tifone".

Il motore era un 12 cilindri a V rovesciata raffreddato a liquido prodotto dall'azienda italiana Fiat Aviazione durante la seconda guerra mondiale. Versione italiana costruita su licenza del Daimler-Benz DB 605 era in grado di erogare una potenza pari a 1.475 HP, ma a causa dei materiali meno pregiati a disposizione risultò meno affidabile del motore tedesco.

Nel giugno 1939, mentre il prototipo del caccia Reggiane Re.2000 stava effettuando il ciclo di messa a punto in attesa di essere trasferito a Guidonia per le prove ufficiali, si prospettò l'opportunità di fare montare sulla cellula del Re.2000 un motore raffreddato ad acqua di fabbricazione tedesca, in sostituzione del motore radiale Piaggio P.XI. Con quel motore, il Daimler-Benz DB 601, si contava di ottenere un incremento delle prestazioni del velivolo grazie, oltre alla maggior potenza disponibile, anche a una migliore aerodinamica della cofanatura motore a ridotto ingombro frontale. L'idea, pur non entusiasmando l'ambiente delle Reggiane che vede annullati gli sforzi per allestire la produzione in serie del Re.2000, trovò la sua concreta applicazione nella commessa ufficiale che il Ministero dell'Aeronautica trasmise il 20 luglio a Reggio Emilia per la costruzione di un prototipo con un motore raffreddato a liquido. Il nuovo velivolo si sarebbe chiamato Re.2001 Falco II (ma quest'ultimo nome non diventerà mai ufficiale). Il motore prevedeva il montaggio di un impianto di raffreddamento basato su radiatori subalari. Quando nei primi mesi del 1940 il Re.2001 (MM409) era ormai pronto, viene ordinata la costruzione di un secondo prototipo con ala a tre longheroni e serbatoi indipendenti. La messa a punto del primo esemplare iniziò a partire da giugno, quando Mario de Bernardi portò in volo per la prima volta l'aereo equipaggiato con il nuovo motore (tra il 22 e il 24 giugno).

In luglio il Re.2001 passa nelle mani del tenente colonnello Pietro Scapinelli che ne effettua la messa a punto prima del trasferimento in volo a Guidonia. Durante le prove in ditta vengono apportate alcune modifiche alla capottatura motore e alle aperture di raffreddamento. Anche le prove a Guidonia danno buoni risultati, con un sensibile miglioramento della velocità rispetto al Re.2000, 568 km/h a 5.500 metri e 540 a 4.500 metri, ma queste velocità non saranno mai raggiunte dai velivoli di serie perché i DB 601 nazionali sono meno brillanti dei motori originali.

La Regia Aeronautica confermò così la conversione degli aerei Macchi, autorizzandone la loro costruzione di serie, e quasi contemporaneamente assegnò altri contratti di coproduzione negli stabilimenti di Caproni.

Caratteristiche tenciche

Dimensioni e pesi

- Lunghezza: 8,85 metri
- Apertura alare: 10,58 metri, di cui, semiala sinistra 4,53 metri e semiala destra 4,33 metri
- Altezza: 3,48 metri
- Superficie alare: 16,80 m^2
- Carico alare: 194,5 kg/m^2
- Peso a vuoto: 2.581 kg
- Peso massimo al decollo: 3.408 kg
- Capacità combustibile: 433 litri di carburante tipo Avio B.4 da 95-100 ottani
- Equipaggio: 1
- Esemplari: 252, compresi il prototipo M.C.205V e i due prototipi M.C.205N

Propulsione

- Motore: Daimler-Benz DB 605A 12 cilindri raffreddato a liquido; successivamente (su licenza) un Fiat RA.1050 RC 58 Tifone.
- Potenza: 1.475 hp (1.085 kW)

Prestazioni

- Metri al decollo: 285
- Metri per atterraggio: 310
- Autonomia: 1.040 km
- Tangenza: 11.350 metri
- Velocità massima: 646 km/h a 8.000 metri
- Velocità di crociera: 500 km/h
- Velocità di stallo: km/h
- Velocità di salita: a 6.000 metri - 5,30

Armamento

- Mitragliatrici: due Breda-SAFAT calibro 12,7 mm in fusoliera a tiro sincronizzato attraverso l'elica con 370 colpi per arma e due Breda-SAFAT calibro 7,7 mm alari con 500 colpi per arma.

- Bombe: fino a 320 kg .

- Cannoni: due cannoni Mauser 20 mm con 250 colpi per arma (Macchi C.205V Serie III).

Impiego

Il Macchi M.C.205 cominciò a essere consegnato ai reparti operativi all'inizio del 1943; il primo reparto a venirne equipaggiato, alla fine di aprile, fu il 1° Stormo C.T., basato a Pantelleria, che cominciò subito a operare sui cieli del Mediterraneo e in Nordafrica. Si trattava di scorte a convogli navali e aerei, diretti o provenienti dalla Tunisia. Nella loro prima uscita, 22 M.C.205 affrontarono con ottimi risultati formazioni più numerose di Spitfire V e Curtiss P-40.

Il 20 aprile del 1943, una trentina di Macchi M.C.205 e M.C.202 del 1° Stormo, guidati dal maggiore Di Bernardo e dal capitano Nioi, affrontarono circa 60 Spitfire sul Canale di Sicilia; dopo un violentissimo combattimento, i Macchi rivendicarono l'abbattimento di ben 17 Spitfire, a fronte della perdita di soli due caccia.

Secondo il fonogramma conservato tra le relazioni operative dell'Aeronautica della Sicilia: *"quindici Spitfire sono da considerarsi sicuramente abbattuti, quattordici dei quali visti finire in mare più uno precipitato a terra tra Capo Bon e Capo Mustafà."*

Nondimeno, non c'è mai stata alcuna prova di perdite alleate durante questa battaglia aerea, mentre gli aerei italiani persi erano tre (piloti Andreoli, Fanelli e Borreo, atterrato fuori campo in Tunisia), rispetto alle 11 vittorie reclamate dai cacciatori alleati, soprattutto dai polacchi del No.145 Sqn. Altri scontri si verificarono il 29 e il 30 aprile, conclusisi con altri abbattimenti, e poi il 1° maggio ancora con la distruzione in combattimento di sei Spitfire e due Curtiss P-40.

Il 6 maggio una formazione di Macchi 205 di scorta a un convoglio aereo diretto in Tunisia si scontrava nel Canale di Sicilia con i piloti dell'USAAF e abbatteva altri nove P.40.

Il crollo del fronte tunisino e la vulnerabilità di Pantelleria determinarono, all'inizio di maggio, l'arretramento del 1° Stormo, sull'aeroporto di Sigonella, in Sicilia, con l'impiego del campo-trampolino di Finocchiara, a circa 15 chilometri a sud-est di Ragusa, e, proprio sui cieli di Pantelleria, avveniva un altro scontro il 10 maggio con otto tra bombardieri e caccia alleati distrutti. Il 19 maggio il 1° Stormo abbatteva altri nove aerei anglo-americani; poi, in un crescendo, altri cinque il 22, quattro ancora il 23 e cinque il 25 del mese. Il 26 maggio, per lo stormo, è un giorno di grandi successi. In furiosi scontri sulla Sicilia, dieci apparecchi alleati, tra caccia e bombardieri, vengono abbattuti.

L'unità si guadagna, per la seconda volta in pochi giorni, l'onore della citazione sul bollettino di guerra.

All'inizio del luglio 1943, il 1° Stormo viene sostituito dal 4° Stormo, l'unità d'élite della Regia Aeronautica.

Il 4° Stormo, che aveva lasciato l'Africa nel gennaio 1943, era stato riequipaggiato con Macchi M.C.202 e M.C.205 sugli aeroporti di Campoformido (10° Gruppo) e Bresso (9° Gruppo); dopo un primo trasferimento sull'aeroporto di Roma-Ciampino, lo stormo arrivava in Sicilia, dove i piloti italiani svolsero fino a sei missioni al giorno. Il 4 luglio i piloti del 4° ingaggiarono combattimento sulla piana di Catania contro i bombardieri alleati, distruggendo in ripetuti attacchi ben 18 velivoli nemici.

Si distingueva particolarmente nella lotta il capitano Franco Lucchini appartenente al 9° gruppo caduto in combattimento su un Macchi 202, colpito da fuoco difensivo di un bombardiere attaccato, e decorato con la Medaglia d'Oro al Valor Militare, e i capitani Carlo Piccolomini e Luigi Caffarella assieme ai tenenti Vittorio Daffara, Alvaro Querci e Mario Mecatti.

Alla vigilia dell'invasione dell'isola, il 9 luglio 1943, il 4° Stormo era basato sulla piana di Catania con una dotazione mista di 10 Veltro e 38. Lo stormo ricevette un complemento di altri 10 Veltro. Ma il 14 luglio, con i primi nuclei di paracadutisti Alleati che operavano sulla piana catanese, il 4° era costretto ad arretrate sull'aeroporto di Crotone, in Calabria, dopo aver incendiato cinque o sei Veltro che non potevano essere trasportati.

In ogni occasione, il "Veltro" dimostrò di essere un temibile avversario. Il Macchi 205 surclassava il P-40 e risultava assai più agile e maneggevole e altrettanto potente degli Spitfire V.

Fino ai 6.000 metri di quota, teneva facilmente testa ai nuovi caccia introdotti dall'USAAF, come il P-47 Thunderbolt e il P-38 Lightning; è noto che anche i piloti americani del P-51 Mustang, celebrato dagli storici anglosassoni come "miglior caccia offensivo della seconda guerra mondiale", temessero molto il "Veltro", che si rivelò, grazie ai cannoncini Mauser da 20 mm, un implacabile distruttore dei Boeing B-17 Fortezze Volanti.

In giugno vennero consegnati i primi M.C.205V Serie III che al posto delle mitragliatrici SAFAT da 7,7 mm nelle ali montavano dei cannoncini Mauser da 20 mm, che si dimostrarono efficacissimi; tuttavia, da documenti e testimonianze, risulta che alcuni li ebbero anche prima, pur appartenendo alla Serie I (100 esemplari).

Nella primavera del 1943 i Macchi M.C.205 furono impegnatissimi nelle missioni di scorta agli ultimi trasporti italo-tedeschi per la Tunisia, e nella difesa aerea dei cieli italiani da una serie sempre più massiccia di bombardamenti aerei.

Il 9 luglio 1943, sei M.C. 205 basati in Sicilia intercettavano un gruppo di 20 bimotori USAAF Loockheed P-38 Lightning e P-40 Kittyhawks della RAF; sei aerei Alleati venivano abbattuti, a fronte di un solo Italiano. A ferragosto, il 4° Stormo combatteva la sua ultima grande battaglia aerea, prima dell'armistizio, sopra lo stretto di Messina e abbatteva in collaborazione con i cacciatori del XXI gruppo, cinque Spitfire e tre Curtiss venendo citato, per la seconda volta in poco tempo, dal bollettino di guerra.

Anche il 3° Stormo del tenente colonnello Tito Falconi, fece in tempo a portare in combattimento il Veltro; mentre era di base a Cerveteri, nel luglio 1943, il 18° Gruppo (83ª, 85ª e 95ª Squadriglia) ricevette alcuni M.C.205. L'assegnazione dei primi Veltro al 3° Stormo diede luogo a un significativo avvenimento poiché il comandante Falconi volle onorare con l'assegnazione "ad personam" dei primi tre Macchi 205 altrettanti piloti del suo reparto che si erano particolarmente distinti in combattimento; ricevettero l'atteso e auspicato velivolo il tenente Franco Bordoni Bisleri, il maresciallo Guido Fibbia e il sergente maggiore Luigi Gorrini, tutti valorosi cacciatori con all'attivo l'abbattimento di vari aerei nemici. Il 3° Stormo impiegò validamente il Veltro in numerose missioni di intercettazione nel cielo del Lazio.

L'unità attaccava il 19 luglio 1943 la formazione di quadrimotori dell'USAAF che, al comando del generale Doolittle, stava distruggendo un intero quartiere di Roma, abbattendo due aerei. Dieci giorni dopo, e ancora il 31 luglio, con sei tra bimotori e quadrimotori americani abbattuti. Secondo Nino Arena:

"Il 12 agosto nuovo combattimento con 9 aerei nemici distrutti e poi ancora il 13 su Roma e Lazio con all'attivo otto B-24 e P-38 abbattuti; altri scontri si accendevano il 19 e il 21 al confine tra Lazio e Campania con l'abbattimento in concorso col XXII gruppo Autonomo da caccia, di 12 apparecchi dell'USAAF".

In tale occasione, il 3° Stormo veniva citato all'onore del bollettino di guerra per il suo valoroso comportamento; altri combattimenti avvenivano il 28 e 29 agosto.

Per il combattimento del 29 agosto il bollettino citava ancora all'attenzione degli italiani il valoroso 3° Stormo e uno dei suoi più validi piloti, il sergente maggiore Luigi Gorrini che aveva distrutto due quadrimotori e un bimotore portando a 8 il numero dei velivoli avversari abbattuti in poco tempo con il 205 e a 15 le vittorie complessivamente ottenute come cacciatore, vittorie che non dovevano essere le ultime.

Dopo l'armistizio dell'8 settembre, ne restavano circa 50 esemplari al Sud, compresi 6 Veltro giunti in volo dal Centro-Nord, che costituirono l'ossatura dei reparti da caccia della Regia Aeronautica cobelligerante, principalmente con il 51° Stormo, operando nei Balcani fino all'esaurimento dei pezzi di ricambio.
Alcuni di essi erano addirittura dei M.C.202 modificati e trasformati nel modello successivo con il montaggio di motori R.A. 1050 disponibili nei magazzini. La trasformazione pare abbia interessato circa 20 macchine, ma non è chiaro se furono montati anche i cannoni. Durante il 1944, diciotto esemplari di Serie III cobelligeranti vennero dotati di un serbatoio di carburante supplementare in sostituzione delle mitragliatrici in fusoliera, prendendo la denominazione di M.C.205S (Scorta).

Al nord, i Veltro costituirono i primi reparti da caccia operativi della neonata Aeronautica Nazionale Repubblicana (ANR), operando con il 1° Gruppo caccia "Asso di bastoni" dal 3 gennaio 1944, soprattutto contro i bombardieri Alleati.

Gli M.C.205 dell'ANR, guidati dalla rete tedesca di radiolocalizzazione che copriva tutta la valle padana, dovevano presidiare un territorio vastissimo, effettuando missioni anche in territorio austriaco e iugoslavo. I Veltro che volarono per la Repubblica di Salò distrussero un grande numero di bombardieri Alleati e affrontarono con successo il formidabile P-51D Mustang.

Il pilota italiano con il maggior numero di abbattimenti, Adriano Visconti, ottenne undici delle sue vittorie nelle poche settimane in cui poté pilotare un Veltro. Il primo combattimento dell'Aeronautica Nazionale Repubblicana, che operava ancora le insegne con la croce di ferro della tedesca Luftwaffe, avvenne il 3 gennaio 1944 nel cielo della Liguria.

Gli M.C.205, guidati dall'asso Adriano Visconti, intercettarono una missione di bombardamento della statunitense USAAF diretta alle fabbriche di cuscinetti a sfera RIV di Villar Perosa e formata da bombardieri Boeing B-17 Flying Fortress e dai caccia bimotori Lockheed P-38 Lightning di scorta.

I piloti da caccia italiani abbatterono quattro P-38 Lightnings; tre dei bimotori da caccia statunitensi precipitarono in fiamme, mentre un quarto andava a schiantarsi sulle Alpi Marittime.

Il primo abbattimento dell'ANR fu accreditato al sergente maggiore Francesco Cuscunà. Il primo combattimento ebbe grande risalto sulla stampa e alla radio. Sia da Albert Kesselring che da Wolfram von Richthofen giunsero messaggi di congratulazioni.

Il 24 gennaio i Macchi M.C.205 si trasferiscono su due basi in Friuli e il 28 gennaio gli M.C.205 registrarono il primo abbattimento di un bombardiere quadrimotore statunitense da parte dell'ANR, per la prima volta con insegne nazionali.

La vittoria aerea fu accreditata al sergente Marconcini.

Il sottufficiale, gregario del comandante Visconti, abbatté un B-24 Liberator di una formazione diretta in Germania, nel cielo del Friuli meridionale; un altro quadrimotore fu abbattuto, in collaborazione, da tre piloti, uno dei quali, il tenente Vittorio Satta, venne però a sua volta colpito e ferito dai mitraglieri del bombardiere statunitense e costretto a lanciarsi con il paracadute. A metà febbraio del 1944, il 1° Gruppo fu trasferito in una base alla periferia di Reggio Emilia, con il compito di attaccare i quadrimotori alleati e i loro caccia di scorta.

Entro il 25 febbraio 1944 il 1° Gruppo registrava 26 vittorie a fronte di 9 perdite. L'11 marzo si verificarono combattimenti molto violenti; i piloti italiani rivendicarono l'abbattimento di 12 aerei (gli Alleati registrarono per questa missione l'abbattimento di due B-17 e il danneggiamento di altri 7) ma persero tre piloti, incluso il tenente Giovanni Battista Boscutti, i cui resti, e quelli del suo apparecchio, furono recuperati 63 anni dopo a Correzzola dal gruppo Romagna Air Finders.

Una settimana dopo, 30 Macchi e 60 Bf 109 dello JG.77, si scontrarono con circa 450 bombardieri alleati con la loro scorta; i piloti dell'ANR abbatterono almeno quattro aerei nemici, ma il caporale Zaccaria fu ucciso mentre scendeva appeso al suo paracadute dal pilota di un P-38 che lo mitragliò deliberatamente da breve distanza. Anche la RAF da parte sua aveva emanato disposizioni di mitragliare i piloti dell'Asse lanciatisi con il paracadute.

Il 2 maggio 1944, il neo-capitano Fioroni e l'asso Capitano Adriano Visconti abbattevano un P-51 Mustang che stava attaccando il Veltro del sottotenente Cucchi (intento ad abbattere una Fortezza Volante B-17): prima vittoria dei nostri piloti a spese di quello che fu spesso definito il miglior caccia della seconda guerra mondiale.

Alla fine di maggio 1944, il numero degli M.C.205 a disposizione dell'ANR era, però, già talmente diminuito da renderne necessaria la progressiva sostituzione con i Fiat G.55.

Infine, a causa della mancanza di pezzi di ricambio, i pochi esemplari di Veltro rimasti intatti vennero relegati a compiti d'addestramento. Per un breve periodo anche un gruppo da caccia tedesco, "L'asso di cuori" nell'autunno del 1943, quando si trovava in Italia, si trovò a utilizzare il C.205. Interessante il parere dei piloti tedeschi, secondo i quali l'aereo era un buon caccia, sebbene non straordinario: aveva un buon comportamento in volo, era veloce, ben armato (solo nella versione con i cannoni), ma tendeva a stringere troppo nelle virate, mentre il rifornimento delle armi e del carburante era assai lungo e tribolato se comparato con i loro aeroplani: quattro serbatoi interni anziché uno solo come nel Bf 109 tedesco. La radio era potente, ma inaffidabile per le interferenze captate. La differenza dei comandi del gas, poi rettificata per dare manetta spingendo avanti la leva e non all'indietro, come nei normali caccia italiani, contribuì a causare incidenti, dei quali sono noti almeno sette casi complessivi, con danni dal 60% al 100%, e la perdita di almeno quattro piloti. A tre anni dalla fine della guerra, l'Aeronautica Macchi ottenne una commessa dalla Royal Egyptian Air Force (REAF) per l'acquisto di Macchi M.C.205, che utilizzò nel conflitto arabo-israeliano del 1948-49, avvenimento bellico che portò alla nascita dello stato d'Israele.

Il contratto venne firmato il 23 giugno 1948; la ditta varesina raccolse allora tutti i velivoli in condizione di poter tornare in volo e combattere. La commessa prevedeva due serie di 24 e 18 aeroplani e tra il settembre 1948 e l'aprile 1949, la Macchi consegnò il primo lotto di 24 velivoli: 16 erano ex Macchi M.C.202 trasformati in Veltro, mentre gli altri erano M.C.205 originali, tutti dotati di piloni sub-alari per bombe da 100 kg.

I Veltro egiziani furono utilizzati in combattimento dal 2° Squadron della REAF contro gli israeliani, ma i risultati furono controversi: secondo uno storico, il 7 gennaio 1949 un Veltro distrusse un P-51D Mustang israeliano, di contro, tre M.C.205 furono danneggiati in modo irreparabile e sei risultarono seriamente danneggiati, con le statistiche che non riportano se in seguito a combattimenti o a errati atterraggi.

Secondo, invece, un'opera apparsa più di recente, gli israeliani ottennero una vittoria schiacciante contro i Macchi egiziani, tanto che solo tra il 28 dicembre 1948 e il 5 gennaio 1949 i loro Spitfire e Mustang abbatterono almeno cinque M.C.205 e ne distrussero altri due al suolo senza subire alcuna perdita; probabilmente altri ancora andarono perduti tra il 22 dicembre e il 7 gennaio 1949, per un totale di dieci unità. Ma le perdite, in realtà, erano cominciate ancora prima: nei tardi anni quaranta c'era stata una serie di attentati in Italia, diventata campo di battaglia tra servizi segreti arabi e israeliani, il che coinvolse anche il settore aviatorio, come, ad esempio, quando il 15 febbraio 1947 esplose in volo, dopo il decollo da Roma, l'aereo civile SM.95 I-ABQF, con a bordo una principessa e vari politici egiziani.

Il 18 settembre 1948 diverse bombe vennero piazzate nell'aviorimessa dell'Aermacchi a Venegono, dove c'erano anche alcuni M.C.205 ordinati dall'Egitto; alcune non esplosero, ma quelle che ci riuscirono distrussero un M.C.205 e tre MB.308 danneggiando altri tre Veltro, con danni per 110 milioni di lire.

Il 23 febbraio 1949 l'Aermacchi firmò un altro contratto con gli egiziani per 24 M.C.205 al costo di 270.000 sterline.

I sedici Folgore trasformati in M.C.205 mantenevano però l'armamento originale, mentre i Veltro originali erano armati con i cannoncini MG 151/20 calibro 20 millimetri. Gli aerei di questo secondo lotto, tuttavia, ebbero numerosi incidenti, dovuti sia all'inesperienza dei piloti egiziani, sia al logoramento delle macchine e soprattutto dei motori, quasi sempre non gli originali Daimler Benz DB 605, ma i ben più scadenti "RA-1000 RC-58 Tifone" costruiti con materiali autarchici dalla Fiat.

Il terzo lotto di 20 esemplari, nonostante il regolare contratto, venne rifiutato dagli egiziani e questi aerei tornarono in Italia; i Macchi rifiutati dagli egiziani finirono nelle scuole di volo dove rimasero operativi fino agli inizi degli anni cinquanta.

Si salvarono dalla distruzione i pochissimi esemplari assegnati alle scuole, come l'Istituto tecnico Malignani a Udine. Alla fine del conflitto sopravvivevano ancora, a diversi livelli di efficienza, una cinquantina di M.C. 205, una trentina dei quali, in realtà, dei Folgore modificati. Un solo stormo, il 5°, aveva ancora in dotazione i Veltro e qualche M.C.202. Nel 1947, il 5° si riequipaggiava con gli Spitfire IX ceduti dagli inglesi e passava i suoi Macchi alla Scuola Caccia di Galatina/Lecce.

Gli ultimi Veltro voleranno ancora fino al 1951, nella scuola di volo di Brindisi; ormai usurati da innumerevoli voli di guerra e di scuola-caccia, gli ultimi Macchi 205 serviranno ancora per anni come sagome-bersaglio per l'addestramento degli armieri, fino alla loro completa distruzione e rottamazione.

Tre Veltro esistono ancora, a tutt'oggi, uno dei quali fu restaurato dall'allora Aeronautica Macchi e messo in condizioni di volare.

Questo esemplare partecipò a numerose manifestazioni aeree fino alla fine del 1986.

Oggi è conservato dall'odierna Alenia Aermacchi all'ingresso della palazzina della direzione generale nello stabilimento di Venegono.

Comandante Adriano Visconti

Adriano Visconti di Lampugnano fu un asso dell'aviazione italiana durante la seconda guerra mondiale e comandante del 1° Gruppo caccia "Asso di bastoni". Si arruolò nella Regia Aeronautica come allievo del Corso REX dell'Accademia Aeronautica il 21 ottobre 1936 e conseguì il brevetto di pilota militare presso la scuola d'aviazione di Caserta. Proseguì il suo addestramento sul Breda Ba.25 e sull'IMAM Ro.41 e, nel 1939, fu assegnato alla 159ª Squadriglia del 50° Stormo d'Assalto (reparto specializzato nell'attacco al suolo). Nel giugno del 1940, allo scoppio della guerra, Visconti fu trasferito con il suo reparto in Africa settentrionale, presso l'aeroporto di Tobruk, dove combatté volando sui Breda Ba.65 e sui Caproni Ca.310.

Nel periodo giugno-dicembre 1940 fu decorato con due Medaglie di Argento al Valor Militare e una Medaglia di Bronzo. Nel gennaio 1941 Visconti fu trasferito alla 76ª Squadriglia del 54° Stormo Caccia Terrestre dove venne addestrato al volo sul caccia Macchi M.C.200, svolgendo poi servizio operativo sull'isola di Malta e nei cieli africani con il Macchi M.C.202. Il 29 aprile 1943, nel corso dell'ultimo grande scontro aereo prima della caduta della Tunisia, l'allora tenente Visconti guidò dodici Macchi M.C.202 del 7° Gruppo all'attacco di sessanta tra Supermarine Spitfire e Curtiss P-40.

Visconti abbatté un P-40, mentre altri quattro furono accreditati ad altri piloti del 54° Stormo. Visconti fu proposto per la concessione di una Medaglia d'Argento al valor militare che venne concessa il 10 giugno 1948, tre anni dopo la morte dell'asso italiano. In seguito, promosso al grado di capitano, divenne comandante della 310ª Squadriglia Caccia Aerofotografica, specializzata nell'aero-ricognizione ed equipaggiata con Macchi M.C.205 in una speciale versione modificata a Guidonia.

Dopo l'armistizio dell'8 settembre 1943, Visconti aderì alla Repubblica Sociale Italiana e partecipò attivamente alla costituzione dell'Aeronautica Nazionale Repubblicana al comandando della 1ª Squadriglia e, dopo essere stato promosso al grado di maggiore nel maggio 1944, al 1° Gruppo caccia "Asso di bastoni". Fino alla fine della guerra Visconti combatté difendendo l'Italia settentrionale dagli attacchi dei bombardieri anglo-americani utilizzando diversi tipi di aerei: Macchi M.C.202, M.C.205 e Messerschmitt Bf 109G-10.

Il primo combattimento su quest'ultimo tipo di velivolo ebbe luogo il 14 marzo. Visconti, comandante del 1° Gruppo, con altri 16 Messerschmitt, intercettò, sul lago di Garda, una formazione di B-25 Mitchell del 321th Bomber Group, che rientrava dopo il bombardamento del ponte ferroviario di Vipiteno.

I P-47 Thunderbolt di scorta attaccarono a loro volta i Messerschmitt italiani; nel corso del combattimento, Visconti attaccò frontalmente il Thunderbolt del 1/Lt. Charles C. Eddy, rivendicandone l'abbattimento, ma lo stesso comandante del 1° Gruppo fu colpito e ferito al volto dalle schegge del proprio parabrezza e costretto a lanciarsi. Il 15 marzo l'ANR attribuì a Visconti la vittoria e la segreteria inoltrò la pratica per richiedere il "Premio del Duce", le 5.000 lire che spettavano all'abbattitore di un monomotore. In realtà il P-47 dell'americano Eddy rientrò alla base di Pisa con il velivolo danneggiato ed era di nuovo operativo il 2 aprile successivo in un'altra missione.

Il 29 aprile 1945, a Gallarate, Adriano Visconti firmò la resa del suo reparto, il 1° Gruppo caccia "Asso di bastoni" controfirmata da rappresentanti della Regia Aeronautica, del Comitato di Liberazione Nazionale Alta Italia (CLNAI), del Comitato di Liberazione Nazionale (CNL) e da 4 capi partigiani (tra i quali Aldo Aniasi "Iso", poi sindaco di Milano e quindi deputato e ministro). L'accordo (poi tradito) garantiva la libertà ai sottufficiali e agli avieri del Gruppo, l'incolumità personale di tutti gli ufficiali, nonché l'impegno di consegnarsi alle autorità militari italiane o alleate, come prigionieri di guerra. I 60 ufficiali e le 2 ausiliarie vennero condotti nella caserma del "Savoia Cavalleria", già sede dell'Intendenza della Guardia Nazionale Repubblicana allora occupata dalla brigate garibaldine "Redi" e "Rocco".

I prigionieri erano stati sistemati in un primo stanzone quando un partigiano ordinò a Visconti di seguirlo. Il sottotenente Valerio Stefanini, aiutante di Visconti lo seguì. Intorno alle 14:00, mentre gli ufficiali venivano condotti in un altro stanzone dove erano state approntate brande, furono udite due raffiche improvvise. Secondo l'attaché della Luftwaffe al Ministero dell'Aeronautica Repubblicana, colonnello von Ysemburg, allora presente, i due, Visconti e Stefanini, furono colpiti alle spalle da raffiche di mitra. Visconti fu finito con due colpi di pistola alla nuca.

Ai restanti prigionieri venne successivamente comunicata la notizia dell'avvenuta esecuzione. A sparare fu un partigiano di nazionalità russa, guardaspalle del partigiano Aldo Aniasi "Iso", comandante della brigata garibaldina "Redi". Il partigiano venne, quindi, incriminato e subito prosciolto in quanto considerato legittimo atto di guerra, essendo avvenuto prima dell'8 maggio 1945, data della fine ufficiale delle ostilità in Europa.

Visconti fu sepolto nel Cimitero di Musocco a Milano nel campo 10, detto Campo dell'Onore insieme a centinaia di aderenti alla Repubblica Sociale Italiana caduti di quei tragici giorni, molti rimasti anonimi.

Gli sono accreditate ufficialmente 10 vittorie aeree nella Regia Aeronautica (1940-1943), numero riportato da Visconti stesso nel suo libretto di volo. Il 1° Gruppo caccia gliene riconobbe invece 14. Secondo alcuni sarebbero invece 26 vittorie aeree: 19 ottenute combattendo nella Regia Aeronautica e 7 nell'Aeronautica Nazionale Repubblicana della Repubblica Sociale Italiana. 120

Sergente Luigi Gorrini

Luigi Gorrini fu uno degli ultimi grandi assi dell'aviazione della Regia Aeronautica, Medaglia d'Oro al Valor Militare. Durante la seconda guerra mondiale gli sono stati accreditati 19 aerei abbattuti, 15 con la Regia Aeronautica e 4 con l'Aeronautica Nazionale Repubblicana, ma alcuni autori gliene attribuiscono 24, e 9 danneggiati, tra Curtiss P-40, Spitfire, P-38 Lightning, P-47 Thunderbolt e B-17 "Fortezze volanti". Le sue vittorie sono state conseguite ai comandi del biplano Fiat C.R.42 e dei monoplani Macchi M.C.202 Folgore e M.C.205 Veltro. Gorrini è stato il principale asso sui Veltro, con i quali abbatté ben 14 aerei nemici e ne danneggiò sei. Dopo l'infanzia si arruolò nella Regia Aeronautica a 20 anni, nel 1937. Terminato il corso di pilotaggio presso la Scuola di Specializzazione di Castiglione del Lago, Gorrini fece richiesta di essere assegnato al 3° Stormo, inquadrato nella 2ª Divisione Aerea Borea con sede presso l'aeroporto di Torino-Mirafiori.

Il 17 giugno del 1939 ottenne il trasferimento al reparto e integrato all'85ª Squadriglia del 18° Gruppo con il grado di sergente pilota. Servì con questa unità fino all'armistizio di Cassibile, l'8 settembre 1943. Poi entrò nelle file dell'Aeronautica Nazionale Repubblicana (ANR) fin quasi al termine del conflitto. Gorrini arriva in Nord Africa nel gennaio 1941 ai comandi di un Fiat C.R.42.

"Il CR 42 - ricorda il pilota - *era una macchina già superata. Un biplano di tela, senza corazze, con apparecchi radio e impianti d'ossigeno malfunzionanti. Era un gran bell'apparecchio in quanto a maneggevolezza, armato da 2 mitragliatrici da 12,7, mitragliatrici efficaci, ma gli inglesi ne avevano 8, anche se di calibro 0,30"*.

Nonostante i limiti del C.R.42, è proprio con questo biplano che Gorrini, in Libia, ottiene la sua prima vittoria aerea, il 16 aprile 1941. Mentre è in volo di protezione nel cielo di Derna, in Cirenaica, intercetta due dei primi Bristol Beaufighter appena arrivati nel teatro del Mediterraneo, diretti verso il campo N. 1 di Ftheja, base della sua 85ª Squadriglia. La pattuglia inglese è quasi fuori tiro, ma Gorrini, apre il fuoco da 7-800 metri. Colpisce la punta dell'ala destra del Beaufighter di testa, mentre serra rapidamente la distanza, grazie alla velocità accumulata con la picchiata. L'altro velivolo si allontana con una brusca virata mentre il primo Bristol è ormai sul campo di Ftheja. Da 250 metri Gorrini lo centra con due successive raffiche e l'aereo britannico precipita subito a sud del campo.

Gli viene, quindi, attribuito un abbattimento individuale e un danneggiato; i colpi sparati sono 1.100. Il 29 maggio Gorrini, di nuovo in volo di protezione, avvistò due Bristol Blenheim sul porto di Bengasi. Dopo una picchiata di tremila metri attaccò l'aereo di testa. Sparò una raffica da 500 metri colpendo il capo pattuglia, nonostante il fuoco difensivo dei due bimotori nemici. Il Bristol di testa, ripetutamente colpito, cadeva nelle acque del porto. Si mise allora all'inseguimento dell'altro Blenheim, scaricandogli tutti i colpi che gli rimanevano, ma il bimotore inglese riusciva ad allontanarsi indenne.

Rimpatriato col suo reparto, il 29 agosto è a Caselle Torinese per iniziare l'addestramento sui nuovi caccia monoplani, il Fiat G.50 e il Macchi M.C.200.

Per continuare l'addestramento, Gorrini e il suo 18° Gruppo si trasferirono prima a Mirafiori e successivamente su Ciampino Sud, dove l'addestramento sui nuovi caccia si concluse il 10 dicembre, quando la sua unità, equipaggiata con i Macchi M.C. 200, volò prima a Lecce e poi alla nuova base di Araxos, in Grecia. Durante l'inverno 1941-42, Gorrini compie voli di scorta a convogli tra l'Italia e la Grecia. Il 17 dicembre, nella zona aerea attorno al porto di Argostoli, a Cefalonia, intercetta due Bristol Blenheim completamente dipinti di nero. Attacca quello di testa colpendolo ripetutamente e poi mitraglia l'altro. I due Blenheim, si separano scomparendo tra le nuvole e a Gorrini viene accreditato un aereo probabilmente abbattuto e il danneggiamento del secondo. Gorrini non ha altre occasioni di scontro con velivoli alleati e rimpatria con il 18°, il 25 aprile 1942. Tornati in Italia, Gorrini e gli altri piloti del 18° vennero addestrati a pilotare l'M.C.200 nella configurazione di cacciabombardiere. L'addestramento durò fino a metà luglio, quando la sua unità volò in Nord Africa per raggiungere l'altro Gruppo del 3° Stormo, il 23°, sull'aeroporto avanzato di Abu Haggag. Da quella base avanzata, Gorrini svolge missioni di scorta per naviglio dell'Asse e attacchi al suolo, con le nuove bombe "Manzolino". Quando, in ottobre, il 4° Stormo, ormai logoro, venne arretrato, consegnò i suoi Macchi M.C. 202 al 3° Stormo. Così, dal 20 di quel mese, il 18° Gruppo poteva riprendere i compiti di reparto da caccia.

"Finalmente, con il Macchi 202 avevamo un aeroplano competitivo. Certo che quando ci gettarono, durante l'offensiva, addosso nugoli di P-40 e di Spitfire, anche questa macchina non poteva fare molto. Lo Spitfire era un osso molto

duro... aveva un mucchio di mitragliatrici, più due cannoncini da 20 mm ed era inoltre più veloce. Il 202 gli era decisamente inferiore in velocità ed armamento".

Il 2 gennaio 1943, l'intero 3° Stormo, equipaggiato con i Macchi M.C.202 ceduti dal 4° Stormo, decollava per affrontare due formazioni di Douglas DB.7 Boston e B-25 Mitchell, scortati da Spitfire e P-40. Nella battaglia aerea che ne conseguiva, Gorrini abbatteva un Curtiss P-40E Kittyhawk della R.A.F., che precipitava a Ovest di Sirte. Subito dopo, attaccava e danneggiava uno Spitfire che inseguiva un altro Macchi. Gorrini aveva sparato in totale 880 colpi ma anche il suo aereo era stato colpito: c'erano 12 buchi sulla sua fusoliera.

Nove giorni dopo, mentre è di scorta, con altri piloti del 3° Stormo, a M.C.200 caccia-bombardieri in azione su aeroporti britannici nella zona dello Uadi Tamet, abbatte uno degli Spitfire della squadriglia dell'asso britannico Flying Officer Neville Duke del 92° Squadron e ne danneggia un altro. Nella mattina del 26 febbraio, Gorrini decolla per scortare una formazione di Junkers Ju 87 Stuka diretti ad attaccare forze armate alleate nella zona di Ksar-Ghilane e, successivamente, per mitragliare truppe nemiche a terra. Nel pomeriggio, con il tenente Melis ed altri due piloti della sua squadriglia, intercetta quattro aerei alleati su Kebili, in Tunisia. el combattimento che ne segue, Gorrini rivendica l'abbattimento di un Hawker Hurricane IID, armato di cannoni Vickers da 40mm. All'inizio del 1943, Gorrini è uno dei piloti incaricati di trasferire i caccia francesi preda di guerra Dewoitine D.520 in Italia, destinati alla difesa della madre patria.

"Trasferii diverse dozzine di Dewoitine D. 520 da vari aeroporti francesi e dalla fabbrica di Tolosa", ricordava Gorrini. *"A quel tempo, quando volavamo ancora con il Macchi MC.200, era una buona macchina, anche se non eccezionale. Paragonata al "Saetta" era superiore solo in un punto: il suo armamento con il cannone da 20 millimetri Hispano-Suiza HS 404."*

Gorrini, che dal febbraio 1943 aveva ottenuto quattro vittorie confermate e una non confermata, ottiene, all'inizio dell'estate, uno dei tre Macchi M.C.205 "Veltro" assegnati al 3° Stormo (gli altri due sono affidati all'asso Franco Bordoni Bisleri e al maresciallo Guido Fibbia), rivelando le sue non comuni doti di pilota da caccia durante la difesa di Roma. La sua serie di vittorie aeree ha inizio il 19 luglio del 1943, giorno del primo bombardamento nella storia di

Roma. Gorrini, quel giorno, entra in azione con altri 37 piloti del 3º Stormo contro i 930 bombardieri e caccia di scorta dell'US Air Force impegnati nell'Operazione Crosspoint. Decolla da Cerveteri con la sua 85ª squadriglia, su un Macchi M.C. 202. Al largo di Ostia, attacca la prima formazione di B-17 Flying Fortress.

"L'ho visto cadere, non saprei l'ora precisa perché il combattimento era roba di minuti, ho fatto tre o quattro attacchi contro questo quadrimotore, ho provato a sparargli anche davanti, a tre quarti, e un bel momento l'ho visto andar giù... È caduto nella zona tra Sezze e Littoria".

Secondo altre fonti, il 19 luglio, abbatte, nel corso di una sola missione, un bombardiere quadrimotore Consolidated B-24 Liberator e un caccia bimotore Lockheed P-38 Lightning (un altro P-38 danneggiato). L'indomani si ripete:

"In un altro combattimento, il giorno dopo, martedì 20, un altro è caduto sull'aeroporto di Nettuno... Era un B-17, aveva ancora il carico di bombe. Io gli ho tagliato un'ala dopo due passaggi, però stavolta avevo il M.C. 205, e ho visto un bel momento la sua ala destra staccarsi dalla fusoliera e i motori che giravano e l'ala che andava via e così è andato in vite."

Subito dopo veniva attaccato da un P-38 di scorta:

"Ho scartato, lui mi è passato davanti al muso... e con tutte le armi, mitragliere e cannoncini da 20, gli ho piantato un rafficone. È scoppiato..."

La caduta del governo fascista non ha decisivi effetti sul morale della Regia Aeronautica.

"Dopo il 25 luglio, a dispetto dell'arresto di Benito Mussolini, il morale della mia unità restava alto e la mia personale disponibilità all'azione era totale. Nonostante i rovesci subiti in quel periodo, il nostro Stormo era l'unico ancora pienamente operativo per il combattimento. La mia sezione era stata destinata alla difesa di Roma. La maggior parte degli uomini della Regia Aeronautica non era interessata alla politica o ai partiti. Essi erano innamorati del volo e determinati a difendere la terra natale e dare la loro vita, se necessario, nel tentativo di arrestare il bombardamento delle città italiane."

Il 13 agosto, Roma subisce il secondo dei due più pesanti bombardamenti della sua storia. Gorrini e i pochi altri piloti dell'83ª e dell'85ª squadriglia posti a difesa della città santa si levano in volo dalle "strisce" di Palidoro, per intercettarei 409 velivoli, tra bombardieri e caccia di scorta, della Dodicesima Air Force. A 20 chilometri al traverso di Anzio, a 7.000 metri, intercetta la prima formazione di B-17 con i P-38 di scorta.

Gorrini, su un Macchi M.C. 205, attacca uno dei quadrimotori rimasto defilato rispetto agli altri. Dopo diversi attacchi, il B-17 precipita:

"Andò a cadere in mare tra Nettuno e Littoria, ma non potei seguirne la caduta perché mi attaccavano dall'alto i Lightning."

Gorrini riesce a disimpegnarsi, ma durante la sua seconda sortita contro la terza ondata di bombardieri, viene attaccato dai caccia di scorta ed è costretto a lanciarsi da 2.000 metri sulla zona Littoria-Sezze, dove atterra incolume. Secondo altre fonti, sempre il 13 agosto, al largo di Ostia, fa precipitare un altro B-24, ma viene colpito dai mitraglieri del bombardiere e deve lanciarsi con il paracadute su Sezze.

Il 26 agosto abbatte un Supermarine Spitfire e, il giorno dopo, sotto i colpi dei cannoncini da 20 millimetri del suo Macchi M.C.205, cadono due B-24 che attaccavano Cerveteri. Uno dei cannoncini Mauser, surriscaldato, esplode danneggiandogli un'ala ma, nonostante esaurisca il carburante, sul fiume Volturno, riesce a pilotare il suo caccia come un aliante, fino alla base tedesca di Pratica di Mare. Tre giorni dopo, il 29 agosto, abbatte due P-38 e ne danneggia altri due. Il giorno seguente distrugge un altro quadrimotore B-17 e viene citato nel bollettino di guerra. Il 31 agosto, avvenne il suo ultimo combattimento sotto le insegne della Regia Aeronautica.

Decollato dall'aeroporto di Palidoro con la sua 85ª squadriglia, si scontra a 8.500 metri, nel cielo di Napoli, con i Supermarine Spitfire di scorta a uno stormo di bombardieri U.S.A. Abbatte un Supermarine Spitfire (altri tre caccia britannici vengono dichiarati abbattuti dalla sua squadriglia) e danneggia un altro P-38 ma il suo aereo viene colpito e deve compiere un atterraggio di fortuna. Seriamente ferito, viene ricoverato in ospedale, dove lo sorprende l'8 settembre. Alla data dell'armistizio di Cassibile, Gorrini aveva sostenuto 132 combattimenti, conseguito 15 abbattimenti sicuri e 9 probabili, era stato ferito due volte, era stato citato più volte sul bollettino di guerra ed era stato proposto

6 volte per decorazioni, ottenendone 2. Gorrini, come altri 6.996 altri volontari, risponde all'appello del tenente colonnello Ernesto Botto e raggiunge il Nord Italia per continuare a combattere contro gli alleati.

"Dopo aver volato per tre anni fianco a fianco con i piloti tedeschi, sulla Manica, in Nord Africa, Grecia, Egitto, Tunisia e - infine - sulla mia patria, avevo fatto amicizia con alcuni di loro, in particolare dello JG 27... non volevo fare la banderuola, per dire così, e forse sparare sui miei amici tedeschi. Inoltre, volevo proteggere le città del Nord Italia dai bombardamenti indiscriminati per quanto possibile".

Il 23 dicembre 1943 si arruola nell'Aeronautica Nazionale Repubblicana, nel 1° Gruppo caccia "Asso di bastoni". Il 30 gennaio di quel mese, nel cielo di Grado, ai comandi di un Macchi M.C.205 abbatte un P-47 "Thunderbolt" del 325° Fighter Group di scorta a bombardieri americani della 15ª Air Force. La mattina seguente intercetta e fa precipitare nella laguna di Comacchio un P-38 da ricognizione basato a Bari Palese. L'11 marzo abbatte ancora un quadrimotore B-17. Il 6 aprile, a nord di Zara, Gorrini fa precipitare il suo secondo P-47, ma viene a sua volta abbattuto da un Thunderbolt, riuscendo a salvarsi col paracadute. Gorrini ottiene la sua ultima vittoria due mesi dopo, il 24 maggio 1944. Quel giorno decolla con il Tenente Vittorio Satta, sempre su M.C.205, per intercettare, sul quadrante di Parma-Fidenza, una formazione di B-24 diretti a sud.
Nel cielo di Colorno, i due piloti dell'A.N.R. attaccano i due bombardieri americani di coda. Gorrini colpisce in pieno, al primo passaggio, il Liberator, i cui motori si incendiano e il cui carrello si abbassa per i danneggiamenti subiti, ma Satta viene attaccato da due P-47 che lo abbattono prima che Gorrini possa intervenire. Ed è sempre proprio uno di questi caccia pesanti a colpirlo e ferirlo gravemente, il 15 giugno 1944.

"Il mio ultimo combattimento fu quando venni abbattuto, era la quinta volta, a Reggio Emilia, con il 205. Ho sempre avuto nella RSI a disposizione il 205, qualche volta il Fiat G.55. Ci diedero l'allarme molto in ritardo e partimmo, ma non riuscimmo a fare quota a sufficienza e ci piombarono addosso: mi hanno abbattuto a Fogliano. Ho aperto il paracadute, ma nella caduta a terra ho battuto violentemente la schiena e persi conoscenza: intorno ci avevo i contadini con il forcone che forse mi credevano un inglese o un americano.

Arrivò il maggiore Visconti a prendermi e con la sua auto mi portò dal nostro medico, il quale mi visitò e mi fece ricoverare all'ospedale a Reggio. Il medico a Reggio mi fece avere una licenza: ero ridotto male, vicino a un esaurimento nervoso, e me ne andai a casa. Quando tornai stava tutto per finire."

Gorrini non volerà più, durante la guerra. La sua carriera di pilota da caccia finisce qui. Egli stesso sintetizzò la sua carriera così: "212 combattimenti, 24 vittorie aeree individuali, 5 lanci con il paracadute." Nel corso del conflitto gli sono state assegnate due Medaglie di bronzo al Valore Militare e la Croce di Ferro tedesca di prima e seconda classe. Nel 1958 gli viene assegnata la Medaglia d'Oro al Valor Militare, unico pilota dell'ANR ad aver ricevuto la più alta onorificenza delle forze armate italiane. Nonostante l'iniziale opposizione del Comando Alleato, riuscì a entrare nei ranghi della neonata Aeronautica Militare. La sua ultima unità fu il 50° Stormo, ma per la nomina a ufficiale dovette attendere il pensionamento, nel 1979. Come avviene per ogni pilota, alcuni degli abbattimenti di Gorrini, sia pure suffragati da testimonianze, non sono confermati dai registri delle forze aeree coinvolte. Come è noto, inoltre, tutti gli abbattimenti dei piloti italiani sono ufficiosi, in quanto la Regia Aeronautica, a differenza delle forze aeree alleate e tedesca, non teneva registri ufficiali delle vittorie dei propri piloti, preferendo attribuire gli abbattimenti all'intero gruppo. Ha vissuto nel paese natale fino alla morte avvenuta nel 2014 all'età di 97 anni.

Esemplari attualmente esistenti

Macchi C.205V Veltro M.M. 92166

Si tratta di un Veltro Serie III facente parte del lotto dei venti (dieci M.C.205 originali e dieci M.C.202 ricondizionati) destinati all'aviazione egiziana e mai consegnati. Originariamente esposto al Museo nazionale della Scienza e della Tecnica di Milano, si trova ora esposto all'ingresso della palazzina Uffici della Alenia Aermacchi a Venegono Superiore.
Nonostante la presenza dei cannoni Mauser da 20 mm e degli attacchi subalari, tipici del Macchi C.205 Veltro Serie III, l'esemplare esposto presenta anche caratteristiche come il ruotino di coda fisso e il pannello strumenti tipiche del Folgore, che fanno pensare a un aereo non puro.
Dopo l'acquisizione da parte dell'Aermacchi, il Veltro fu minuziosamente restaurato e riportato in perfetta efficienza. L'ultima uscita pubblica di questo esemplare avvenne nel 1998, in occasione del 75° anniversario della fondazione dell'Aeronautica Militare italiana.

Breda Macchi C.202/205V Veltro M.M. 91818

Si trattava originariamente di un Folgore Serie XII, compreso nei centocinquanta esemplari costruiti dalla Breda tra il maggio e l'agosto 1943. Alla fine del 1946 era in carico al 3° Gruppo Scuole di Lecce. Il 7 marzo 1949 il velivolo si trovava presso l'Aermacchi, inserito fra gli esemplari della terza commessa per l'aviazione militare egiziana. Ritornato in carico all'AMI il 27 settembre 1950, fu consegnato alla scuola di Lecce.
Dopo la radiazione nel 1956, fu assegnato a scopo didattico all'ITIS Malignani di Udine dove fu conservato in perfetto stato fino al 1979 con il motore FIAT RA.10150 messo periodicamente in moto. Nel 1980 fu preso in carico dalla Aermacchi con l'intenzione di rimetterlo in condizioni di volo. L'esemplare fu così affidato alle cure di un gruppo di anziani specialisti sotto la guida di Almo del Grande, già capo del reparto sperimentale dell'Aermacchi.
Nonostante le buone condizioni generali del velivolo, il gruppo dovette affrontare fin da subito enormi problemi per portare avanti il progetto. Grazie alla presenza dei disegni originali e alla collaborazione di ditte come la Fiat per

il motore, revisionato negli stabilimenti di Brindisi, della Magnaghi, della Itala, della Secondo Mona, e di tante altre che si occuparono del ripristino e revisione della componentistica, l'impresa fu portata termine con successo il 26 settembre 1980.

Tra le condizioni poste dal Registro aeronautico italiano e dalle autorità di assistenza al volo per le necessarie autorizzazioni vi fu l'obbligo di installare strumentazione moderna e un nuovo impianto radio. Il primo volo avvenne il 5 dicembre 1980 a Venegono. Incidentatosi a causa di un malfunzionamento dei freni, il velivolo, subito riparato, fu portato a Cameri il 13 aprile 1981 e in seguito anche a Grosseto.

Con una mimetica ad "anelli di fumo", immatricolazione civile I-MCVE, cannoni posticci, falsa matricola e coccarde della Regia Aeronautica Cobelligerante, il Veltro partecipò a varie manifestazioni aeree quali il XXXIV Salone Aeronautico parigino di Le Bourget, dal 4 al 14 giugno 1981.

Nel 1983, durante un'ispezione al motore, il rinvenimento di alcune incrinature nel monoblocco obbligarono alla messa a terra del caccia. Grazie al ritrovamento in un deposito dell'Aeronautica Militare di un motore nuovo, ancora imballato, fu possibile riportare il velivolo in condizioni di volo.

In questa nuova fase, mantenendo inalterata la mimetica ad anelli di fumo, furono dipinte le insegne di un reparto della Regia Aeronautica, la 351ª Squadriglia, 155° Gruppo del 51° Stormo, codici 351-4. Purtroppo, il 23 luglio 1983 un grave incidente durante il decollo dalla pista di Venegono, fortunatamente senza vittime, causò seri danni: anche se riparati, consigliarono la definitiva messa a terra dell'aereo.

Nel 1988 il Macchi C.205 del Museo della Scienza e della Tecnica di Milano passò in carico all'Aermacchi e il museo ricevette l'esemplare I-MCVE. Messo in esposizione, il Macchi C.205 ha cambiato insegne: ora riproduce quelle di un esemplare della 81ª Squadriglia del 6° Gruppo, codici 81-5, che durante la guerra era pilotato dal sergente Ferruccio Stoppani.

Questo esemplare fu uno dei cento M.C.202 Folgore costruiti dalla Breda come Serie X tra luglio e settembre 1942. Durante la guerra fu assegnato all'81ª Squadriglia del 6° Gruppo, 1° Stormo Caccia. Dopo l'armistizio fu in carico al 51° Stormo e il 29 gennaio 1944 rimase danneggiato in atterraggio durante un volo di prova da parte di un pilota statunitense. Riparato, fu assegnato prima al 20° Gruppo del 51° Stormo, poi all'8° Gruppo del 5° Stormo.

Nel dopoguerra, alla data del 10 maggio 1948, risultava in servizio presso la Scuola Volo di Lecce. Ritirato dalla Macchi fu revisionato e rimotorizzato con il Fiat 1050 RC.58I, mantenendo anche l'ala dell'M.C.202, destinato a far parte della terza commessa per l'aviazione egiziana mai consegnata.

Ripreso in carico dall'Aeronautica Militare prestò servizio nel 3° Gruppo Scuole fino al 1951, dopodiché fu radiato.

Inviato al museo, fu prima assegnato al Museo del Volo di Torino ed esposto dal 1961 con una verniciatura in alluminio e coccarde tricolori. Con la chiusura del Museo del Volo di Torino, fu trasferito a Vigna di Valle. Attualmente è presente presso il Museo Storico dell'Aeronautica Militare per rappresentare un Veltro della 97ª Squadriglia, 9° Gruppo del 4° Stormo.

Per l'occasione è stata ripristinata la matricola originale e applicati sulle semiali due simulacri di cannone da 20 mm. Le armi in fusoliera risultano mancanti, come il bocchettone di rifornimento posteriore.

Macchi M.C. 206

Il Macchi M.C. 206 è stato un caccia monomotore ad ala dritta progettato da Mario Castoldi e costruito dalla Aeronautica Macchi dalla seconda metà della seconda guerra mondiale.

Il prototipo, quasi completato all'atto dell'armistizio, rimase coinvolto in una esplosione accidentale il 22 ottobre 1943 e accantonato fino al completo abbandono dei lavori nel 1944 a causa dei bombardamenti alleati.

In attesa della possibilità, prevista per i primi mesi del 1943, di poter disporre del motore DB 603, capace di erogare 1.750 hp (1.290 kW), il team di progettisti guidato dall'ing. Mario Castoldi proseguì nella progettazione, su iniziativa della ditta Macchi, di una versione ad interim ancora con motore DB 605, che identificò come Macchi M.C. 206.

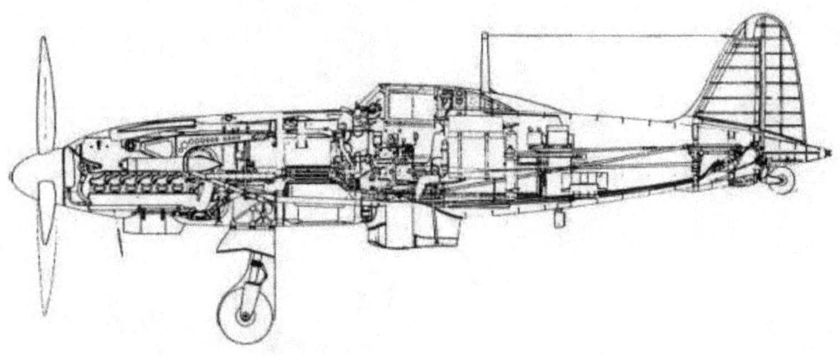

Per ridurre il carico alare e portarlo ai valori del Macchi C.202, allo scopo di mantenere una buona manovrabilità in quota e inoltre accrescere la robustezza strutturale della cellula, in particolare in corrispondenza delle giunzioni alla fusoliera, Castoldi progettò una nuova ala con una superficie di 21 m^2 e costruita in un solo pezzo con solo le estremità smontabili, evitando, così, la complessità della giunzione ala-fusoliera (i Macchi avevano, infatti, otto perni di attacco, quattro per semiala). Particolare attenzione fu dedicata al contenimento del peso a vuoto. L'armamento previsto ero lo stesso del secondo prototipo dell'Orione, ossia tre cannoni da 20 mm e due mitragliatrici Breda-SAFAT da 12,7 mm, mentre la velocità fu stimata prossima ai 640 km/h.

Alla data dell'8 settembre, il prototipo era quasi completato e privo di matricola militare, trattandosi di iniziativa privata.

Purtroppo, il 22 ottobre 1943 il prototipo rimase danneggiato a causa di una esplosione accidentale e accantonato, quando mancavano solo trenta giorni al suo completamento.

Nel marzo del 1944, l'ing. Castoldi era intenzionato a riprendere il progetto, introducendo nuovi radiatori dell'olio e dell'acqua di maggior finezza aerodinamica, ma i bombardamenti alleati della primavera del 1944 agli stabilimenti Macchi causarono ulteriori danni alla cellula, precludendo definitivamente ogni velleità di

Rispetto al precedente C.205, il Macchi C.206, motorizzato, con il Daimler-Benz DB 605, aveva un'ala dalla superficie alare incrementata a 21 m², mentre la velocità massima stimata, secondo la motorizzazione prevista, era di 640 a km/h, con una velocità di salita di 8 minuti e 50 secondi a 8.000 metri. L'armamento era costituito da due mitragliatrici calibro 12,7 mm in fusoliera e tre cannoncini calibro 20 mm , di cui uno sparante attraverso il mozzo dell'elica e gli altri due installati sulle semiali.

Caratteristiche tecniche

Dimensioni e pesi

- Lunghezza: 9,355 metri
- Apertura alare: 12,142
- Altezza: 3,25 metri
- Superficie alare: 21 m^2
- Peso a vuoto: 2.578 kg
- Peso massimo al decollo: 3.650 kg
- Diametro elica: 3,050 metri
- Equipaggio: 1

Propulsione

- Motore: Daimler-Benz DB 605A 12 cilindri raffreddato a liquido.
- Potenza: 1.475 hp (1.085 kW)

Prestazioni

- Velocità massima: 640 km/h

Armamento

- Mitragliatrici: due Breda-SAFAT da 12,7 mm
- Cannoni: tre calibro 20 mm

Macchi M.C. 207

Il Macchi M.C.207 è stato un aereo da caccia monomotore ad ala dritta progettato da Mario Castoldi e costruito dall'azienda italiana Aeronautica Macchi nella seconda metà della seconda guerra mondiale. La costruzione del prototipo fu, tuttavia, interrotta dall'armistizio dell'8 settembre 1943, quando ne era stata quasi completata la fusoliera.

Dopo aver avviato la costruzione del prototipo del Macchi M.C.206, che doveva essere il definitivo caccia dell'Aeronautica Macchi dotato di propulsore Daimler-Benz DB 605, il capo progettista della ditta, ingegnere Mario Castoldi, avviò il progetto di un nuovo aereo che fu denominato M.C.207.

Infatti, la Regia Aeronautica, sollecitata dall'Alfa Romeo, aveva richiesto la licenza di produzione del potente motore tedesco Daimler-Benz DB 603A-1 erogante 1.510 Hp, di cui si sarebbe avviata la produzione dopo l'esaurimento degli ordini relativi al DB 601 prodotto come RA 1000 RC.41-I Monsone.

La licenza non fu mai esercitata e la Regia Aeronautica ottenne solo tre esemplari del DB 603, che riservò alla costruzione dei prototipi della cosiddetta "Serie 6", cioè il Fiat G.56, il Reggiane Re.2006 e il Macchi C.207.

Dopo la firma dell'armistizio dell'8 settembre 1943, e la costituzione della Repubblica Sociale Italiana RSI, vennero avviati i piani per costituire un anello produttivo per il DB.603 che comprendeva le ditte FIAT, OM e Isotta Fraschini, ma ciò non fu mai attuato.

Il progetto del C.207 prevedeva un caccia monoposto molto simile al precedente MC.206.

A causa del maggiore peso del propulsore DB 603, 910 kg a secco, rispetto al DB 605, che pesava 751 kg, vennero eliminate le armi in fusoliera, con quest'ultima lievemente allungata.

Il serbatoio del carburante posto in fusoliera venne ampliato a 405 litri, mentre quelli alari furono ridotti a 80 litri ciascuno; sul C.206 erano rispettivamente 245 litri per quello in fusoliera, e 120 litri per ognuno dei due alari.

Gli impennaggi di coda, rispetto al C.206, vennero ridotti di dimensione e superficie: superficie dell'impennaggio orizzontale 2,5432 m², superficie impennaggio verticale 1,200 m².

Il propulsore era un Diamler Benz DB 603 a 12 cilindri a V rovesciata raffreddato a liquido, erogante la potenza di 1.510 CV a 5.700 metri e 2.500

giri/min. che azionava un'elica tripala metallica a passo variabile in volo del diametro di 3,150 metri.

 Il rapporto peso/potenza era di 2,87 kg/Hp, mentre il carico utile era di 1.048 kg.

Il carrello d'atterraggio era triciclo posteriore, completamente retrattile, con carreggiata di 3,890 metri.

L'armamento era composto da quattro cannoni Mauser MG-151/20A calibro 20 mm, sparanti fuori del disco dell'elica, con 250 colpi per arma.

I lavori di costruzione del prototipo del C.207 ebbero vita breve; una volta completato il progetto in dettaglio venne avviata la costruzione della fusoliera,] ma l'armistizio dell'8 settembre 1943 portò all'abbandono di ogni ulteriore sviluppo. Dopo la fine del conflitto l'Aeronautica Macchi propose il completamento del prototipo del C.207, rimotorizzandolo con il Packard V-1650 Merlin a 12 cilindri a V da circa 1.500 hp (1.100 kW), con relativa riprogettazione del castello motore e di tutte le carenature anteriori.

Questa soluzione non ebbe alcun seguito, e ciò che era stato realizzato del prototipo fu demolito. Lasciata la direzione tecnica della ditta varesina, l'ing. Castoldi si ritirò nella sua casa di Trezzano sul Naviglio, (Milano) dove disegnò il C.208 e il caccia a reazione C.209, rimasti tutti e due sulla carta.

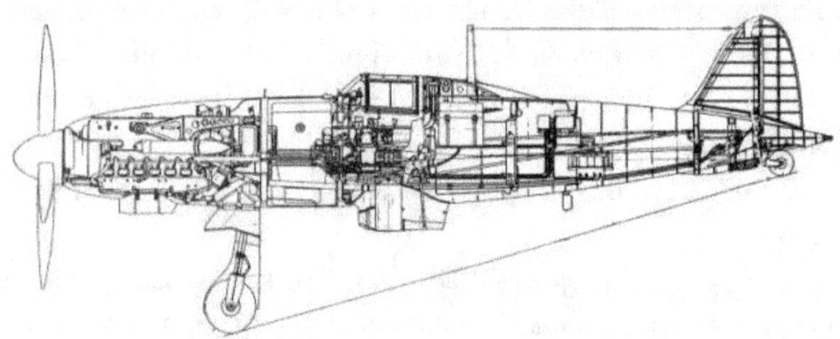

È interessante notare che nel C.207 i radiatori dell'olio bicilindrici, che funzionavano così bene sul C.205, furono abbandonati a favore di un unico radiatore rettangolare simile a quello utilizzato nel C.202.

Caratteristiche tecniche

Dimensioni e pesi

* Lunghezza: 9,735 metri
* Apertura alare: 12,142
* Altezza: 3,25 metri
* Corda alare: 206,6 kg/mq
* Superficie alare: 21 m^2
* Peso a vuoto: 3.292 kg
* Peso massimo al decollo: 4.340 kg
* Diametro elica: 3,150 metri
* Equipaggio: 1

Propulsione

* Motore: Daimler-Benz DB 603A 12 cilindri raffreddato a liquido.
* Potenza: 1.750 hp (1.290 kW)

Prestazioni

* Velocità massima: 700 km/h (stimata)
* Tangenza: 12.000 metri

Armamento

* Quattro cannoni Mauser MG-151/20 mm.